中外文化文学经典

论语

导读与赏析

主　编　常汝吉　李小燕

本册编者　胡海洁

现代教育出版社

中国出版集团公司

图书在版编目（CIP）数据

《论语》导读与赏析 / 胡海洁编. -- 北京：现代教育出版社，
2017.3

（中外文化文学经典系列 / 常汝吉，李小燕主编. 高中篇）
ISBN 978-7-5106-5067-3

Ⅰ．①论… Ⅱ．①胡… Ⅲ．①阅读课－高中－课外读物
Ⅳ．① G634.333

中国版本图书馆 CIP 数据核字 (2017) 第 058054 号

《论语》导读与赏析

主　　编	常汝吉　李小燕
出品人	陈　琦
选题策划	王春霞
本册编者	胡海洁
责任编辑	王春霞
装帧设计	管　斌
出版发行	现代教育出版社
地　　址	北京市朝阳区安华里 504 号 E 座
邮　　编	100011
电　　话	(010) 64251036（编辑部）
	(010) 64256130（发行部）
传　　真	(010) 64251256
经　　销	全国新华书店
印　　刷	北京佳信达欣艺术印刷有限公司
开　　本	710mm×1000mm　1/16
印　　张	10
字　　数	200 千字
版　　次	2017 年 4 月第 1 版
印　　次	2017 年 4 月第 1 次印刷
书　　号	ISBN 978-7-5106-5067-3
定　　价	19.80 元

编 委 会

把灵魂滋养成晶莹剔透的水晶

——《中外文化文学经典系列》总序

每日里繁忙的学习工作、生活琐事，仿佛让我们心灵蒙上了一层厚厚的积垢，压得人喘不过气来。只有夜深人静之时，在桌前摊开一卷引人入胜的好书，心随书中的主人公一起，遨游在另一个世界中，才得以享受片刻的安宁。趁着这静谧的夜，我们的灵魂从容地沐浴着文学的菁华，慢慢地浸染、陶冶，终将滋养成一块晶莹剔透的水晶。

这就是经典名著的魅力——润物无声，如静水流深，温柔而有力量。

一、何谓经典

《现代汉语词典》上说，"经典"就是"传统的具有权威性的著作"。所谓传统，就是经过了历史的大浪淘沙，从千万著作中脱颖而出。经典作品往往通过作家个人独特的世界观和不可重复的创造，凸显出丰厚的文化积淀和人性内涵，提出一些人类精神生活的根本性问题。它们与特定历史时期鲜活的时代感以及当下意识交融在一起，富有原创性和持久的震撼力，从而形成重要的思想文化传统。

经典的文学作品一般具备以下四个特征：

首先，作品关注的是人类的终极问题，主题直击人性。就像《呐喊》直击民族性格的劣根性，《巴黎圣母院》用四个主人公来探讨外在美与心灵美的四种不同组合……经典的文学作品因其主题的跨时空性，而深受不同时期、不同民族的读者的喜爱，在时间的淘洗下历久弥新。

其次，经典作品的人物形象大多塑造得鲜活丰满，立体而有层次感。《三国演义》中的曹操，虽性情奸诈，但他一统天下、造福百姓的理想和抱负，又令人不得不钦佩。他既有礼贤下士的胸怀，又有借刀杀人的果决，还不乏对酒当歌的豪迈。他的性格多元化，是一个有血有肉、立体丰满的"典型"。

第三，经典作品的情节大都起伏跌宕、扣人心弦。《红楼梦》叙事宏大而巧妙，四大家族的命运、几百个人物的生活经历，以草灰蛇线、伏脉千里的形式，若隐若现，却又清晰可循。

第四，经典作品的笔触细腻，即便是环境描写，也无一处是闲笔。《雷雨》中暴风雨前压抑的气氛，为繁漪面对周朴园时的痛苦、与周萍的感情纠葛营造了绝佳的呈现背景。

二、为什么要读经典

经典文学名著虽然有诸多优秀基因，然而在资讯发达的今天，微信、微博、文化快餐比比皆是，连纸媒的生存都举步维艰，还有多少人能静下心来，读这些大部头的作品呢？甚至，有不少人质疑，今天读经典名著的意义何在？

愚以为，读经典可以让我们在这个喧嚣浮躁的时代，回归安静的思考。当今信息的碎片化，导致读者往往急于了解故事情节，缺乏深度思考，甚至简单片面地看待问题，妄下定论。而潜心品读经典文学作品，细细揣摩作品人物所承载的人性的真善美和假恶丑，会让我们看人、看问题更加全面深入，也让我们自己的灵魂丰盈、闪闪发光。

三、如何阅读经典

经典是在阐释者与被阐释文本之间互动的结果。正所谓"一千个读者心中有一千个哈姆莱特"，各个时代不同读者的解读，共同构成了经典作品独特而丰富的内涵。有些甚至形成了一种专门的学问，就如中国有"红学研究会"，英国有"莎士比亚研究会"一样。中学生阅读经典文学作品，除了自己用心揣摩原文之外，还应该多了解前代读者共性化、多元化的解读。只有这样，才能对作品有更全面的、多角度的理解。这也是我们编选这套丛书的目的——帮助初读经典的中学生们迅速入门。编者在选编文章时有意识地收录同一问题的各家之言，形成争鸣，让学生直观地感受到对于经典的一般认知和个性化解读共存。

让我们在前人的引领下，冲出迷雾，走入辉煌的文学殿堂，感受大师的风采，细品精美的文字所蕴含的丰厚内涵。

捧读经典，打开启迪心智之门

中学时代，是一个人一生中重要的成长阶段。

成长需要阳光雨露、需要呵护与培育，因此，中学时代除了要完成学校课堂作业以外，课外阅读无疑是"雨露滋润"不可或缺的。课外阅读，不仅能让中学生启迪心智、开阔视野、积累知识，而且还是加强人文修养、提高综合素质的重要途径。

习近平总书记可以说是博览群书的楷模。他对读书有自己的独到见解，他说过：我年轻时读了不少文学作品，涉猎了当时能找到的各种书籍，不仅其中许多精彩章节、隽永文字至今记忆犹新，而且从中悟出了不少生活真谛。

读书固然重要，但读什么书更是关键。在浩如烟海的书籍中，中外经典名著无疑是书海中的璀璨明珠，是人类智慧的结晶。因此，读书就要读经典名著。从大量中外名人的成长经历中，我们知道阅读经典名著对他们所起到的重要作用。经典名著可以说是架起青少年与人类代代相传美好传统的心灵桥梁，通过对经典名著的感悟从而形成良好的语言与文字直觉，对提高青少年的表达理解能力更是大有裨益。

习近平总书记指出："文艺深深融入人民生活，事业和生活、顺境和逆境、梦想和期望、爱和恨、存在和死亡，人类生活的一切方面，都可以在文艺作品中找到启迪。文艺对年轻人吸引力最大，影响也最大。"

现代教育出版社根据中央关于"推广群众阅读活动"的精神，结合中学生的成长特点，经过与专家学者的反复研究及听取一线教学老师的建议，精心选编了这套《中外文化文学经典系列》丛书。

这套丛书所选取的名著，不仅仅是经过岁月的洗礼流传下来的文学精粹，也是国家教育部颁布的全国中高考语文《考试说明》中要求中学生必读和必考的书目。

　　打开这套书，读者会走近一个个文学巨匠、走进一篇篇文学名著，真切地感受经典。从《红楼梦》到《边城》，从《红岩》到《平凡的世界》，你会得到许许多多的人生感悟；会懂得许许多多做事和做人的道理；你会领悟到面对困境，要勇于拼搏、奋斗的精神……

　　跟其他文学经典选读本不同的是，这套丛书具有贴近中学生身心成长的实用性，它着眼于对中学生心灵的净化和思想品质的培养。这种文学名著的陶冶，能使世界观正在形成期的中学生，在文学的浸润中，得到正能量的潜移默化。所以说，此书的编者力求以多层面、多视角来培养学生用发散的思维理解这些经典名著。

　　读书的真谛是什么，只有在捧读经典中才能感悟。相信每个阅读这套丛书的读者，会在阅读中拉近跟名家的距离，从中得到许多历史文化知识，感知生活的真善美。一个人在成长的道路上，也许会对"心灵鸡汤"感到厌烦，但经典文学名著会打开另一扇启迪心灵之门，让你在寒冬里感受到春风，在黑暗中看到光明，在迷茫中发现希望。这种阅读的妙趣，也只有通过阅读才能体会到。

　　开卷有益。相信您会喜欢这套丛书的。

前　言

　　打开一本书，就如同打开了一个世界，也许看到了一位沧桑的老人、一艘破旧的小船、一条干枯的大鱼；也许听得到古战场厮杀的刀剑声、深宅红楼内的嘤嘤呜咽声、旧中国知识分子胸腔里吼出的呐喊声；也许嗅出《海底两万里》尼摩船长灵与肉的焦灼、宇宙外空间传回的神秘讯息、异域国度中父与子骨髓里散出的铜臭味。多读经典名著，提升领悟要义的本领，为终身发展打下良好的精神底子，势在必行！

　　读万卷书，听万家言，行万里路，助推人格魅力形成，一群有梦想的编者们聚在一起，不仅打开一卷卷书，还把一位位大家点评、阅读融会起来，帮助读者走进书中的故事，揣摩语言的魅力，感受作品的深意，逐步形成个体的言语经验，在具体的语言情境中正确有效地理解、运用祖国文字进行交流与沟通。广泛地阅读，应该能获得对语言和文学形象的直觉体验，多维度地听取不同人的阅读心得，能够更加丰富文学形象的立体感，能够在辨识、比较、分析与归纳中，锻炼逻辑思维和批判性思维能力，从而使得"行万里"更加具有深刻性、灵活性、敏捷性、批判性与独创性。

　　功利一点说，2017年发布的全国高考语文《考试说明》增加了基础运用和阅读类样题，明确提出要对经典名著阅读进行考查，北京卷语文学科《考试说明》中也增加了对阅读经典的要求，"附录"在保持原有"古诗文背诵篇目"不变的同时，增加"经典阅读篇目例举"；在现代文阅读和古诗文阅读中，提出"对中外文学经典""对中国古代文化和文学经典"的"理解、感悟和评价"。对经典阅读的考查内容进一步细化，主要包括：对作品基本内容、主旨或观点的整体把握；

结合作品，对人物形象、思想内涵和艺术特色或表现手法的理解、分析；基于知识积累和生活经验，对作品价值、时代意义的感悟和评价；对古代文化经典的积累、理解和运用。这些都凸显了培养中小学生阅读能力和阅读素养在当下语文教学中的重要性。

为了提高中学生阅读经典的能力和文化素养，我们组织了北京的部分语文高级教师，从已经发表在核心期刊上的与此次所选篇目相对应的文献进行了认真、细致的挑选，秉着名师名家、名校名作；主题明确、观点鲜明；紧扣考点，通俗易懂；分析透彻、视角独特的原则，选编了这套《中外文化文学经典系列》丛书。

从高考语文未来考查形式而言，这些经典书籍的题目呈现方式多样、灵活，既可以表现在阅读类题目中，也可能是写作题目中。对于授课老师而言，就要引导考生由"浅阅读"向"深阅读"的阅读习惯转变。所以我们在《中外文化文学经典系列》丛书的选编过程中，以全新的形式，独特的视角，用现代人的眼光和科学方法解读这些经典著作，本着客观、公允、多方位的精神，使学生受益，从而拉近经典著作和学生的距离，使他们能从多角度了解这些经典著作，引导和培育学生发散性和多层面的理解经典著作，使学生提高文学素养和阅读兴趣，让他们了解中外文化文学经典著作的深刻精髓，终身受益。

本书编写组

2017 年元月

目录

经典回放·作品简介

论语

内容简介:诸子散文名著。孔子门人及其再传弟子纂辑。共二十篇,每篇又分若干章,系孔子及其部分弟子言行录。语言简练,含义丰富,具有格言性质。有的出之以比喻,富于形象性,如"岁寒,然后知松柏之后凋也"(《论语·子罕》);有的通过简短对话,生动地展示出人物内心活动和神情话态,如《先进》篇弟子侍坐章,对后世散文创作有一定影响。原书至汉有《鲁论语》《齐论语》《古文论语》三种传本。今本《论语》系东汉郑玄混合各本而成。注释有三国魏何晏《论语集解》、南朝梁皇侃《论语义疏》、宋邢昺《论语正义》、朱熹《论语集注》等。清刘宝楠撰《论语正义》,博采旧注,去粗取精,最为完备,有《四部备要》本。今人杨伯峻撰《论语译注》,注释简明,并有白话译文对照,末附《论语词典》,甚便初学,有中华书局 1962 年本。

作品来源

俞汝捷:《中国古典文艺实用辞典》,中国青年出版社,1991 年。

仁者的叮咛——《论语》导读

笪于凯 黄爱梅

导 读

《论语》是一本以记录春秋时思想家、教育家孔丘言行为主的书。内容涉及政治、教育、文学、哲学及立身处世的道理等方面。全书共二十篇,五百多小节。《论语》是儒家学派的经典著作之一,是中国政治伦理和社会伦理的基石。

《论语》是一部记述孔子及其部分弟子言行的语录体著作,是研究孔子及儒家思想的重要资料。这部书篇幅虽然只有 16000 字左右,但它在国学经典中的地位却极为重要,素有儒家"圣经"之誉。2000 多年来,一直是国人蒙学的必读之书,其读者数量堪称世界之最。《论语》的内容涉及人生、社会及生活问题,对中华民族传统精神及道德理念的形成,曾产生过重大影响。直到今天,此书中蕴含的人生智慧和道德经验,仍有许多值得仔细品味之处。

一、《论语》中的孔子思想

今本《论语》共 20 篇。各篇篇题,均以该篇开头的两个字为名,这是古代"语体"文的通行做法,既无深意,也不反映内容。每篇由数目不等的章节组成,全书共 508 章。大部分章节都是记录孔子与弟子及时人谈论之语,也有少部分章节记录的是孔门弟子相互谈论之语。《论语》的内容大致可分为个人修养提纲、政治哲理阐述、社会伦理论述、师生施教问答之语、人物评价、日常活动、自我评价及弟子言论行事等专题，其中所涉内容极为丰富，是后人了解孔子思想的重要来源。

（一）孔子论"仁"

"仁"是孔子学说的核心。《论语》中有 108 处出现"仁"字，谈论"仁"的有 58 章。

孔子所说的"仁"，内容丰富而复杂。孔子"仁"的核心理念是"仁者爱人"，他明确提出"泛爱众，而亲仁"，也就是强调要以人为本，注重对人的价值的尊重与肯定。

在孔子看来，"仁"具体表现为两个基本方面：一是"己欲立而立人，己欲达而达人"；二是"己所不欲，勿施于人"。前者是从积极的方面讲，是"忠"道；后者是从消极的方面讲，是"恕"道，两者汇合起来，就是"忠恕之道"。孔子所强调的"吾道一以贯之"，指的就是此。

在孔子看来，实现"仁"的基本途径，就是要坚持"克己复礼"。克己，是指通过自觉的道德修为，提升思想境界，克制自己；复礼，是指一切都要依照礼的标准行事。"克己"，是"复礼"的前提。孔子强调，若能克己，推己及人，所有行为都合乎礼、义的标准，就能达到"仁"的境界。

在孔子眼里，"仁"是一种道德品质，也是一种理想境界，同时还是个体生命价值的终极归宿。"苟志于仁矣，无恶也。""志士仁人，无求生以害仁，有杀身以成仁。"这种将个人价值同社会正义融合为一的理念，实在是一种极崇高的"大境界"。千百年来，一直鼓舞着无数仁人志士，为了崇高目标而不懈奋斗。

（二）孔子论"政"

《论语》中，有不少篇幅是讨论为政之道的。孔子要求统治者行"仁政"，他认为："为政以德，譬如北辰居其所而众星共之"（《论语·为政》）。主张德治，反对霸政。治国为政之道，要注重教化与礼制，"道之以政，齐之以刑，民免而无耻；道之以德，齐之以礼，有耻且格"（《论语·为政》）。孔子主张统治者使民，要坚持"惠而后使"与"教而后使"原则，做到"上好礼，则民莫敢不敬；上好义，则民莫敢不服；上好信，则民莫敢不用情"（《论语·子路》）。

孔子还强调，为政者要坚持以身作则，认为要治理好一个国家，统治者必须要端正自身，严于要求自己。"苟正其身矣，于从政乎何有？不能正其身，如正人何？""其身正，不令而行；其身不正，虽令不从"（《论语·子路》）。

（三）孔子论"君子"人格

《论语》中，孔子与弟子们反复讨论的一个重要话题，就是如何成为"君子"。《论语》中，提到君子的地方有 107 次，可见君子人格是孔子人生修养理论的重要内容。

孔子把具备"仁"的理想人格的人，称为"君子"。他认为，君子重道、尚德、尊仁、懂礼、求知（智），讲究信义，尤其注重孝、悌、忠、信、恭、敬、智、勇等品德修养。而最为孔子看重的"君子之道"有三："仁者不忧，知者不惑，勇者不惧"（《论语·宪问》）。

《论语》中有多处内容，将君子与小人进行对比，认为："君子喻于义，小人喻于利"；"君子坦荡荡，小人长戚戚"；"君子泰而不骄，小人骄而不泰"，等等。

他主张，君子行事，要信守"博学于文，约之以礼"的准则，"讷于言而敏于行"。同时，还强调君子有志，能够经得起严峻的考验。他主张"三军可夺帅也，匹夫不可夺志也"，看重"岁寒，然后知松柏之后凋也"，强调君子要坚持真理和正义，做到"当仁，不让于师"。这些论述，对于世人理想人格的养成，都有重要的借鉴作用。

（四）孔子论"学"

《论语》提出，人生的第一要义，是学习。在开篇《学而》中，就有"学而时习之，不亦说乎"的说法。孔子所说的"学习"是一种广义的理解，既包括文化知识，也包括道德品行。他认为，君子品格的形成，必须通过不懈学习才能达到，学习是人生第一要务。孔子提出："三人行，必有我师焉，择其善者而从之，其不善者而改之。"（《论语·述而》）主张"见贤思齐""见不贤而内自省"（《论语·里仁》），要求弟子们力争做到"敏而好学，不耻下问"（《论语·公冶长》）。

孔子在学习方法上，也有很多总结。他主张"温故而知新"，强调"学而时习之"，提倡"博学而笃志，切问而近思"（《论语·子张》），倡导学思结合，指出"学而不思则罔，思而不学则殆"，还提出"无欲速，无见小利，欲速则不达，见小利则大事不成"的观点，反对急功近利。这些内容，至今仍有极其重要的参考价值。

（五）孔子论"教"

孔子是中国古代的著名教育家。他一生从事教育工作，在教育实践中积累了丰富经验，《论语》中对此也多有涉及。

在教育理念上，孔子主张"有教无类"（《论语·卫灵公》），强调不分贵贱、贤愚，只要有求学愿望，均应有受教育机会。《论语》中提到的孔子学生，除了南宫敬叔和司马牛出身较好外，大多数都是贫贱出身：子路年轻时是个街头少年，原宪"终生空室蓬户，褐衣疏食"，公冶长当过囚犯，曾参做过小吏，子张是"鲁之鄙家"，颜回居于陋巷。这些人都先后受学于孔子，成为有名的贤者，对当时社会人才的培养发挥了重大作用。

在教育方法上，孔子主张"因材施教"，特别注意针对学生的不同性格特点，实施有针对性的教学。比如，冉求办事胆子较小，所以要鼓励他；子路胆大过人，自以为是，所以要故意抑制他。孔子还注重启发式教学，主张"不愤不启，不悱不发，举一隅不以三隅反，则不复也"（《论语·述而》）。他反对死读书本，强调触类旁通，"告诸往而知来者"（《论语·学而》）。孔子的这些教育思想，至今仍旧闪烁着智慧的光辉，堪称中国教育思想史上的重要瑰宝。

二、《论语》的历史地位

孔子死后，其弟子遍布各国，其学说影响也因之日渐广大，儒学逐渐成为战国诸子中影响最大的学派之一，时称世之"显学"。

在战国时期，儒学虽为"显学"，地位却并不独尊。当时的读书人中，虽已有类似《论语》这样的孔子言论集在广泛流传，但只是作为诸子的一种，为人们所诵读。

汉兴，孔子被谥为"褒成宣尼公"，其待遇拟于公侯。《论语》的地位也逐渐提升。汉武帝时，董仲舒提出"罢黜百家，独尊儒术"，为武帝所采纳，儒家学说渐成王朝意识形态的正统，掀起了儒学"神学化"的第一波浪潮。《论语》作为记载孔子言行的语录集，也得到了越来越隆重的"待遇"。

唐玄宗宣传儒学，为树立思想权威，追封孔子为"文宣王"，《论语》正式成为"经书"之一种。宋代理学兴起，以程颐、程颢、朱熹等人为代表的理学家们，融合儒、佛、道，对儒家思想进行大改造，创建了以"理学"为代表的新儒学。朱熹选取《论语》《孟子》与《礼记》中的《大学》《中庸》两篇，合编为"四书"，并作《四书集注》，作为士人读书的基础读本，最终确定了《论语》在"儒学"中的核心地位。

宋代以来，人们对《论语》的作用，也越来越看重。相传北宋开国宰相赵普，曾有"半部《论语》治天下"之说。

正因为孔子和《论语》在古代王朝意识形态中的特殊地位，这本书也是最早为西方汉学家所关注的东方经典之一。早在 1594 年，意大利传教士利玛窦就将包括《论语》在内的"四书"译成了拉丁文。此后，西方关于《论语》的译本，层出不穷。有些西方学者认为，《论语》中所包含的东方智慧，对于纠正西方工业革命以来的"物质主义""享乐主义"思潮，具有重要的借鉴作用。

阅读《论语》，我们可以真切聆听到一位远古仁者的谆谆叮咛，获得更多有价值的精神体验和思想资源。

作品来源

发表于《政工学刊》2015 年第 7 期。

第一章

知人论世·作家印象

作者小传

孔子（前 551 ~ 前 479）

　　春秋末期伟大的思想家、政治家、教育家，儒家学派的创始人。名丘，字仲尼，鲁国陬邑（今山东曲阜东南）人。先世是宋国的贵族，在政治上失败后，逃到鲁国，至孔子已经没落，他自称"吾少也贱，故多能鄙事"。及长，在鲁国做过"委吏"和"乘田"等小官。传说曾向老聃问过礼，向苌弘问过乐，向师襄学过琴。中年时，聚徒讲学，并从事政治活动。任过鲁国的中都宰、司寇等职，并摄相事数月，后因政治上失意而周游列国，前484年返鲁，晚年致力于文化教育工作。除教学外，还整理了《诗》《书》等古代文献，删改鲁《春秋》，使之成为我国第一部编年体的历史著作。前479年病逝。孔子生前不甚得志，死后声誉日隆，被历代崇为"至圣先师"。孔子曾活跃在当时的政治舞台上，他对当时"礼崩乐坏"的局面痛心疾首，要求积极入世、救世。自称，"如有用我者，吾其为东周乎？"。主张"正名"，企图恢复"君君、臣臣、父父、子子"的宗法等级制度。他又承认时代已经不同了，认为对周礼应该有所"损益"（《论语·为政》）。孔子处于天命观念动摇的时代，他本人在世界观上持矛盾态度：虽然相信有人格意志的"天"，说过"获罪于天，无所祷也"（《论语·八佾》），但是又将"天"看成自然之物："天何言哉？四时行焉，百物生焉。天何言哉！"（《论语·阳货》）。他不迷信鬼神，不语"怪、力、乱、神"（《论语·述而》），主张"敬鬼神而远之"（《论语·雍也》）。他信"天命"，曾说"不知命，无以为君子"（《论语·尧曰》），但在实际上他更相信人为的努力，人称他是"知其不可而为之"（《论语·季氏》）。在认识论上，他一方面承认"惟上智下愚不移"（《论语·阳货》），但认为自己是"学而知之"，强调后天学习的重要性，提出"学而不思则罔，思而不学则殆""温故而知新""毋意、毋必、毋固、毋我"的为学之道。

孔子是我国古代杰出的教育家，他首创私学之风，以"有教无类"为宗旨，相传弟子三千，贤人七十，其中出身富贵的为数极少，为在社会下层传播文化做出了重要贡献。他采用"因材施教"的方法，提倡"学而不厌，诲人不倦"。在学习上，他曾自述说："我非生而知之者，好古，敏以求之者也"，主张"知之为知之，不知为不知"的求实态度。轻视"学稼""学圃"等农业生产知识。在从事教育活动中，创立了儒家学派，对后世产生了重大而深远的影响。

孔子是中国古代最重要的伦理思想家。他的最大贡献是提出了以"仁"为核心的伦理思想体系。"仁"最早见于甲骨文，《尚书》中有"予仁若孝"（《金滕》）的字句。在孔子那里，仁的基本内容是"爱人"。《论语·颜渊》："樊迟问仁。子曰'爱人'。"孔子的"爱人"有亲疏贵贱、等级上的差别，他说："君子笃于亲，而民兴于仁；故旧不遗，则民不偷"（《论语·泰伯》）。但是孔子又顺应时代的潮流，提出"泛爱众"的命题，将爱推及社会上的一般人，包括对下层人民一定程度的同情和关心。《论语》载："厩焚。子退朝，曰：'伤人乎？'不问马"（《论语·乡党》）。提出要"修己以安人""修己以安百姓"（《论语·宪问》），使老百姓都得到安乐。

孔子"仁"的根本和核心是以血缘关系为基础的"孝悌"，他的弟子有若说："孝弟也者，其为仁之本与！"（《论语·学而》）。所谓"孝"，指子女对父母的敬爱，子女不但要赡养父母，而且也必须尊敬父母，他说"今之孝者，是谓能养。至于犬马，皆能有养，不敬，何以别乎？""父母在，不远游，游必有方"。孝还要求绝对遵从父母的愿望："三年无改于父之道，可谓孝矣"，"生事之以礼，死葬之以礼，祭之以礼。"所谓"弟"是指敬爱兄长，也是维护宗族关系的重要规范。认为当权者如能推行"孝弟"，人民就会安分守己，社会秩序就能得到维护："其为人也孝弟，而好犯上者，鲜矣；不好犯上，而好作乱者，未之有也"（《论语·学而》）。孔子的孝悌思想反映了血缘基础上的宗法等级关系，但对促进家庭和睦有积极意义。

　　孔子认为，为仁的方法是"忠恕"，他的门生曾参曾说："夫子之道，忠恕而已矣。""忠"即积极为人，"己欲立而立人，己欲达而达人"；"恕"即推己及人。《论语·卫灵公》："子贡问曰：'有一言而可以终身行之者乎'？子曰：'其恕乎！己所不欲，勿施于人'。"在孔子看来，忠恕相济，就能达到仁。孔子的"仁"还包含了多方面的道德规范要求，例如"恭、宽、信、敏、惠"，即庄重、宽厚、诚实、勤敏、慈惠，"恭则不侮，宽则得众，信则人任焉，敏则有功，惠则足以使人"（《论语·阳货》）。仁也包括知、勇。知，指聪明智慧；勇，指勇敢、果敢，见义勇为。曰："仁者必有勇"（《论语·宪问》）。仁还包括刚毅木讷。为仁的标准在于合乎礼。礼最初指周代的文化典章制度，后泛指中国的奴隶社会和封建社会一般的政治道德原则和规范。孔子推崇周礼，主张对"民"要"齐之以礼"（《论语·为政》），打破了礼不下庶人的界限。他将礼看成是安身立命之本，认为"不知礼，无以立"（《论语·尧曰》，"兴于《诗》，立于礼，成于乐"（《论语·泰伯》）。孔子又以仁来规定礼："人而不仁，如礼何？"（《论语·八佾》）。他还说"礼云礼云，玉帛云乎哉！乐云乐云，钟鼓云乎哉"（《论语·阳货》），认为玉帛、钟鼓，只是礼、乐的外形，而仁才是礼乐的实质。他将礼看成是仁的外在规定，认为人的言、听、视、动只要合乎礼就是达到了仁："克己复礼为仁"（《论语·颜渊》），主张"非礼勿言，非礼勿听，非礼勿视，非礼勿动"（《论语·颜渊》）。此外，孔子还提出了一系列的道德规范要求，如"敬"，对工作要严肃认真，对人谦恭有礼。"忠"，积极为人，一方面指对一般人的关系："为人谋而不忠乎！"（《论语·学而》）"忠焉，能勿悔乎？"（《论语·宪问》）一方面指君臣关系："臣事君以忠"（《论语·八佾》），"事君，能致其身"。同时，也指对所从事的工作任劳任怨，尽职尽责，《论语·公冶长》中说："子张问曰：'令尹子文三仕为令尹，无喜色；三已之，无愠色。旧令尹之政，必以告新令尹。何如？'子曰，忠矣。"还提出行为的"中庸"原则，他感慨道："中庸之为德也，其至矣乎，民鲜久矣。"主张凡事要做得恰到好处，无过无不及。提出行权的思想，反对墨守成规，"可与共学，未可与适道；可与适道，未可与立；可与立，未可与权"（《论语·子罕》）。

　　孔子以圣为道德上最高的理想人格。他依道德水平之高下，将人分为"小人""君子"和"圣人"，说："君子道者三"，"仁者不忧，知者不惑，勇者不惧"（《论语·宪问》）。孔子也将"君子"作为道德上的完全人格：在对人、对事上总是既无过又无不及，恰当适度。他说，"质胜文则野，文质彬彬，然后君子"（《论语·雍也》）。孔子也用"成人"表示德才完备的人，将仁人作为道德上的理想人格。孔子不轻易许人以仁，唯弟子颜回深得孔子的赞许，认为他也只能"其心三月不违仁"（《论语·雍也》）。圣人是最高的理想人格，指能"博施于民而能济众"。能"博施于民而能济众"者，孔子认为即使尧舜恐怕也难以完全做到。

孔子非常重视人的道德培养。他认为，道德修养要靠人的主观努力，认为"为仁由己"，人只要努力追求，就可以达到道德上的最高境界："仁远乎哉？我欲仁，斯仁至矣。"一些人的品德不好，都是由于不努力的缘故。孔子提出了"学""内省""内自讼"的修养方法，认为学习是道德养成的重要手段，提出"三人行，必有吾师焉，择其善者而从之，其不善者而改之"（《论语·述而》）。提倡内心的自我体察和斗争，他的学生曾参深有体会地说："吾日三省吾身：为人谋而不忠乎？与朋友交而不信乎？传而不习乎？"（《论语·学而》）。孔子重视道德的社会作用，主张治理国家要用道德教化方法，认为这是更加深刻和彻底的方法，"道之以政，齐之以刑，民免而无耻；道之以德，齐之以礼，有耻且格"（《论语·为政》）。以德治国，首先是当权者要做出好榜样："为政以德，譬如北辰居其所而众星共之"（《论语·为政》）。

在义利关系上，孔子十分重视事功。在他眼里，管仲尽管有缺点，但仍然说他"如其仁，如其仁"（《论语·宪问》），原因在于管仲相恒公，霸诸侯，治理天下，使人民得到了好处。一个人如果有仁的内在品质，加上事功的勋业，就不仅是仁，而且是圣了。"子贡曰：'如有博施于民而能济众，何如？可谓仁乎？'子曰：'何事于仁，必也圣乎！'"（《论语·雍也》）。孔子和古代的许多思想家一样，表示如果富贵可求，虽执鞭之士（赶车人）亦可为之，主张"国民之所利而利"，肯定人的欲望的合理性，强调对人的欲望要加以引导，要"见利思义""见得思义""义而后取"。他说，"富与贵"是人之所欲也；不以其道得之，不处也。贫与贱，是人之所恶也，不以其道得之，不去也"（《论语·里仁》）。

认为过分追求"小利",必"大事不成",甚至招致"放于利而行,多怨"的后果。他提倡追求精神上的平静和满足,达到乐以忘忧的境界。孔子曾称赞颜回"一箪食,一瓢饮,在陋巷,人不堪其忧,回也,不改其乐"。自称"不义而富且贵,于我如浮云","饭疏食饮水,曲肱而枕之,乐亦在其中矣"(《论语·述而》)。在人生观上,"其为人也,发愤忘食,乐以忘忧,不知老之将至云尔"(《论语·述而》),可见他坚持一种乐天安命、积极进取的人生态度。

现存的记录孔子言论的《论语》,是研究孔子伦理思想的重要著作。其他如《左传》《孟子》《礼记·檀弓》篇中记载的孔子言行也可参考。

▌作品来源▐

陈瑛,许启贤:《中国伦理大辞典》,辽宁人民出版社,1989年。

从《论语》看孔子的教育思想及其追求的人格标准

马慧珍

导读

《论语》是儒家的重要典籍之一，是中国政治伦理和社会伦理的基石，它囊括了政治、伦理、道德、教育等诸多思想。其中的"仁""礼"思想、教育思想、人才观是孔子思想体系的核心内容和精髓。它启迪着人们自觉修身达"仁"，完善自我，去追求人生的最高精神境界，实现人生自我价值。

《论语》是儒家创始人孔子及其弟子言论的汇编，它文字简约，义理深刻，影响深远，是体现中国古文化最重要的典籍。它蕴含着厚重的智慧和思想，浸润和涌动着中华民族悠久的文化和历史的命脉。《论语》中论述了做人、治学、治国等多方面的思想，其中孔子最重要的"仁""礼"思想、教育思想、人才观，是儒学的基本范畴，是探讨人生价值、追求高尚的道德人生的基本内容和人我关系的最高准则，是孔子思想的核心和精髓。

一、孔子学说中的"仁""礼"思想

在孔子的《论语》中，"仁""礼"思想是儒学的基本思想，在孔子的思想中，理想人格的最高体现就是"圣人"，在孔子看来，圣德之人是一种崇高博大的审美境界。"仁者不忧，知者不惑，勇者不惧"，是说仁德的人不忧虑，有智慧的人不迷惑，勇敢的人不畏惧。无论是圣人、智者、勇者和仁者都有着共同点，就是贯之以仁，智者又叫"知之者"，知仁而求；勇者又叫"好知者"，好仁而行仁；仁者又叫"乐之者"，乐仁而安仁。他说："知之者不如好知者，好知者不如乐知者。"圣人之智（圣智）、圣人之勇（圣勇）、圣人之仁（圣德）是孔子对理想的"仁"之追求。他追求的"仁"是将心性升华至一种世界精神理性的境界。可见，儒家思想的核心内涵是"仁"，仁是孔子思想的核心，是他追求一生的最高道德标准。孔子对"仁"的价值追求和重视，表明"仁"的思想学说是孔子整个思想体系的价值核心。孔子看待人的态度是：任何人都应该成"仁"和达"仁"，若诚意地去求"仁"就可达到"仁"的境界。由此可见，在孔子的教育思想中，教育的目的就是教会学生如何"求仁"，即追求自身道德的终极完善。《论语》中更多地强调人的内在修养，达到"仁"的境界，它是"礼"的观念的一个发展。

《论语》中孔子的"仁"的价值内涵，指的是"仁"是情感的自得。孔子强调人如何达到理想之"仁"，仁的精神价值的重要体现是"己欲立而立人，己欲达而达人"；"己所不欲，勿施于人"。孔子倡导的"仁"就是"爱人"，由"爱人"推导出对社会与民众的关注，对整体人类与社会发展之间实现共同和谐的深深关切。"仁"的实践价值不仅是纯粹的思辨性体系，而是对人性解放、民众人格升华的终极关怀。孔子思想体系中"仁"这一概念的内涵极为丰富，其实现方法，从个人理想的培养到治国的社会行为准则都有深刻内涵，它包括个体、群体的思想行为和理想人格修养体系。

孔子《论语》中儒学思想的另一核心是"礼"。孔子一生都在提倡"礼"，要求恢复礼制，提倡"克己复礼"。孔子所处时代礼的观念包含着政治上的君臣之礼、家庭中的长幼秩序及社会的伦理道德，社会中的任何个体都会受到其生存环境、文化传统等诸多因素构筑的思想体系的制约，任何个人在其成长过程中都不可避免地受其社会历史时期"礼"这一观念的影响。可见孔子学说中的"礼"指的是礼仪制度、伦理道德。孔子说："人而不仁，如何礼？"他的"仁"几乎涵盖了所有的道德伦理秩序，是一种高标准的"礼"。

孔子十分重视《诗经》在社会政治领域中发挥的作用，更是以诗论礼，他把《诗经》当作立身之本。子曰："兴于《诗》，立于礼，成于乐。"他认为，学诗是一个人能够成为仁人君子的必要条件或先决条件，从学《诗》起步，然后才能进一步学习"礼"和"乐"。他对学生说："小子！何莫学夫诗？诗，可以兴，可以观，可以群，可以怨。迩之事父，远之事君；多识于鸟兽草木之名。"这是他对学《诗》作用的具体阐述。他说不学《诗》，无以言。在他看来，学诗，用《诗经》里的诗句来约束自己、规范自己的行为是修身之本，就其个人的素养而言，是以不学《诗》，无以言，显示出学《诗》符合"礼"的修养。而学习《诗》里面所提供的经验、原则，又可以作为政治活动中的决策依据，增加自己的处事经验和施政能力。在孔子的理论中，《诗经》的价值是很具体的："迩之事父，远之事君"，也就是说，他把《诗经》里的诗歌，当作"仁"的教本和"礼"的规范，让它在广泛的社会生活领域中发挥其积极的作用。

二、孔子的教育思想

孔子是中国传统文化的代表，孔子的教育思想是中国优秀传统文化思想的集结。了解孔子的教育思想体系，探求孔子教育思想与现代、当代教育理论之间的渊源流变，是对孔子儒家传统教育科学理论的继承、创新与发展。从教育的视角来理解《论语》，会领悟到孔子智慧中的个体价值，以及孔子尊重个体、弘扬主体，最大限度地从根本上实现个体社会价值的深刻意义。

（一）孔子教育思想的内容

春秋时期，礼崩乐坏，世衰道微，上下尊卑的等级秩序被打乱。孔子在极大的忧虑中深思着造成这种动乱的社会根源，提出"为政以德，譬如北辰居其所而众星共之"。孔子由"仁"的伦理道德概括出"仁"的政治，强调只有拯救民心，才能拯救国家。因此，孔子认为教育的主要目的是培养"君子儒"，为此孔子将教育内容分为四科：德行；言语；政事；文学，而置德行于诸科之上。孔子认为要变"天下无道"为"天下有道"，就需要提高个体的修养，不断完善自我，以达到"仁"的境界。在孔子的社会理想中，体现着人与人之间仁爱的境界精神。为此，他需要一批有志于弘扬和推行仁道的志士和君子人才去实现和推行他的教育思想。他们身上有着弘道和行道的志向与德才。志向是指"笃信好学，守死善道"，"志士仁人，无求生以害仁，有杀生以成仁"。德才是指具有智、仁、勇、艺、礼、乐等六个方面的德行与才能。可见培养具有弘道与行道志向与德才的君子志士就是孔子的教育理念。"格物、致知、诚意、正心、修身、齐家、治国、平天下"，是孔子对教育的作用和目的的理论概括：通过格物、致知，做到诚意、正心（即树立正确的伦理道德观念），从而达到修身的目的（即形成完善的人格）。这是教育对人格发展所起的作用。由此可见，孔子是我国道德学说的伟大构建者。他希望每个人都应为促进家庭的和谐美满、国家的繁荣、社会的稳定而完善自己。齐家、治国，是指教育为社会的需要和社会的发展服务。孔子的教育思想内容包括教育目的、教育对象、教学内容、教学方法。

在孔子的教育思想中，教育的目的就是教人如何"求仁"，即追求自身道德的终极完善。孔子认为学习要有正确态度，他一生勤奋学习，积累了渊博的知识，是后世学者的典范。无论自身还是学生都要"学而不厌"都要"敏以求之""知之为知之，不知为不知"，提出"三人行，必有我师焉"。"敏而好学，不耻下问"，注意"生而知之者，上也;学而知之者，次也;困而学之，又其次也;困而不学，民斯为下矣"。"知之为知之，不知为不知，是知也。"倡导从孜孜不倦的学习中感受乐趣，即"知之者不如好知者，好知者不如乐知者"的精神。他常以学习"不进则退"来策勉自己和学生。孔子的以学为乐、以学为荣的思想贯之于《论语》中，他主张通过学习来认识生命的意义，端正人生的态度，成就伟大的人格。

对于教育对象，孔子主张"有教无类"。不分年龄长幼、出身贫富贵贱、地位高低、聪慧愚笨、种族、地域、善恶、远近、亲疏，人人都有平等接受教育的权利和机会。在等级森严的奴隶社会末期，孔子对教育对象的论述具有民主思想和公平意识。

孔子教学的内容使用的是被尊为"六经"的"六书"（《诗》《书》《礼》《乐》

《易》《春秋》)为教科书,在儒学思想体系中,《诗经》是重要的文献典籍。他把《诗经》作为教育弟子的教材,要求学生学习和理解,以此来培养学生的个人修养。孔子说:"《诗》三百,一言以蔽之,曰:思无邪。"这是孔子对《诗》的理解和阐述。《诗》在我国二千多年的封建社会里一直是官学和私学的最基本的教材。孔子儒学思想中的育人目标及教学内容是礼、乐、射、御、书、数。"礼"用于维护各种人伦和道德规范;"乐"是通过音乐、舞蹈、诗歌等艺术手段使学生从情感上接受道德的熏陶(属道德修养范畴);"射"是射箭;"御"是指驾驭战车的技术(属基本技能的范畴);"书"指识字和自然博物常识,相当于现代的文化科学知识;"数"指一般的数学知识和天文地理阴阳历法知识。作为教学内容的"六艺",涵盖了道德修养、知识传授和能力的培养与训练三部分内容。孔子的教学也并不完全按教科书中的知识体系进行,往往是以其弟子提出的某一特殊问题或其周围实践为话题,讨论教学内容,阐发对问题的看法、认识。

除上述学科外,孔子的教学内容还包括社会层面的国家、政治、战争、耕稼、祭祀和个人修养的事父母、亲朋友、言行举止、生活习惯,还常利用正在发生的社会事件、生活事件,以具体的实践问题为议题展开情境性极强的针对性教学。且强调"弟子,入则孝,出则悌,谨而信,泛爱众,而亲仁。行有余力,则其学文",把"做人"的道德教育放在首要地位。

孔子把教学过程分为学、思、习、行四个阶段。学、思为习得和获取知识的过程;习、行是知识外化的过程,即将所学知识应用于实践,将所学知识转化为技能,"躬行践履"。孔子教育思想的可贵之处在于重视实践和学思结合、知行统一的教育理念和教学过程,并以其自身的教学实践总结出"博学之,审问之,慎思之,明辨之,笃行之"的学习方法。其中"博学""审问"属于"学"的过程,"慎思""明辨"是"思"的过程,"笃行"则是"习"和"行"的过程。其教与学的过程在一定程度上体现着学习方法、过程的内在联系,是中国最早的教学过程阶段论。

孔子在教学方法领域的创造是:循循善诱、因材施教,学思结合、知行统一、不愤不启、不悱不发,温故知新、循序渐进,叩其两端、举一反三等著名论断。

孔子的教学方法强调"践履"和"体认","多闻阙疑""疑思问";孔子还提出"学而时习之""温故而知新",学思结合,"学而不思则罔,思而不学则殆",将所学知识运用于实践。当有人向孔子提问题时,他并不马上将答案告诉提问者,而是从问者的疑难处出发,从正反两面弄清问题的性质与内容,然后使提问者通过积极的独立思考得出合理的答案。他注重的是切磋讨论、教学相长的教学方式。子贡请教孔子说:"《诗经》云:'如切如磋,如琢如磨'其斯之谓与?"孔子说:"赐也!始可与言《诗》已矣。"可见,孔子与他的弟子们在教学上是通过互相启发来增进学识的。孔子认为只有师生之间互相启发,才是最好的教学方法。反过来,颜回在孔子面前从来不提相反意思,孔子就批评说:"回也非助我者也,于吾言无所不说。"孔子提倡"当仁不让于师",认为求学者要有强烈的主体精神和求学要求。孔子还说:"十室之邑,必有忠信如丘者焉,不如丘之好学。"以强烈的求知进学精神启迪学生。

对于施教对象,子曰:"中人以上,可以语上也;中人以下,不可以语上也。"是说对于中等才智以上的人,可以和他谈论高深的道理;对于中等才智以下的人,不可以和他谈论高深的道理。孔子很注意对学生的观察了解,诸如"由也果""赐也达""求也艺",主张对不同的教育对象采取不同的教育方法。孔子重视诱导式启发教育,强调"不愤不启,不悱不发,举一隅不以三隅反,则不复也"。不到苦苦思索而不解时,不去启发,不到他想讲而讲不明白时,不去开导。举一个道理而他不能类推出三个道理,就不再教诲他了。孔子还注重教学的循序渐进,"夫子循循然善诱人,博我以文,约我以礼,欲罢不能,既竭吾才,如有所立卓尔。虽欲从之,末由也已!"这种使学生竭力钻研、"欲罢不能"的情状,正是循循善诱启发教育的写照。

在《论语》中孔子的教育观体现着因势利导、因材施教以及重视学习者主体性参与的教育思想,体现着对个体的发现与尊重,强化了个体的自我主体精神和价值意识,增强了个体的社会责任感和对自我人生价值实现的期待。"士不可以不弘毅，任重而道远。"可以说孔子的教育思想对于社会和个体人生都具有无限的启迪价值和意义，对现代教育的发展以及教学思路的开拓也有着积极的意义与启示作用。

孔子在教育的培养目标、教育的作用、教学对象、教学内容、教学过程、教学方法乃至教材建设等方面都有卓越的建树，不仅为我国儒家教育思想体系的形成和建立奠定了坚实基础，而且在世界教育史上也为教育者所推崇。

（二）孔子教育思想理论的特征

孔子的教育思想理论有两个特征。一是以人为本，突出道德教育的根本作用。孔子提倡务本。这里的"本"就是做人的根本，"务本"就是要学会做人，学会做一个有仁爱之心之人，能"泛爱众""博施于民而能济众"，做一个真正合乎道德规范的人。实施道德教育的过程就是塑造和完善人格的过程，把完善人格作为育人、做人的目标，把造就理想人格作为道德教育的根本任务，以此观照社会现实和达到教育的目的。二是道德教育的目标途径：在注重根本教育主旨之基础上，造就理想人格，提出达成所制定目标的具体有效方法："由近及远，推己及人"。从孝敬父母，拓展为敬爱师长、忠诚国家、慈爱子女，对兄弟左右的关爱和对朋友的诚实守信，由此把仁爱之心推及整个社会，达到众生和谐的自觉和"泛爱众"的终极目标。

三、孔子的人才观及对人格美的追求标准

（一）孔子的人才观

人才，是世间诸多资源中最宝贵的资源，它事关国家兴衰、事业成败、社会进步、人心向背。孔子认为人才对社会的兴衰具有重要作用。他认为一个国家人才兴盛国家就会大治，一个国家的兴衰不取决于国君，而取决于人才多寡。因此，孔子十分重视培养人才和发掘人才，在说到尧用贤臣五人，实现了天下大治；武王有能臣十个，创下了周朝八百年基业时，孔

子感慨道:"才难,不其然乎?"孔子一生所追求的人才标准是什么呢?孔子的人才标准是根据社会需要而定,子路问孔子怎样才是十全十美的人才,孔子说智慧像臧武仲,清心寡欲像孟公绰,勇敢像卞庄子,多才多艺像冉求,再用礼乐来成就他的文采,可以说是十全十美的人才了。孔子又说现在十全十美的人才哪里一定要这样,看见利益便想起该不该得,遇到危险便肯付出生命,经过长久穷困的日子都不忘记平日的诺言,就可以说是十全十美的人才了。这两个十全十美的人才标准,前一个是理想化的人才标准,后一个是符合社会现实需要的人才标准,这正是孔子的培养人才必须符合社会需求并为社会服务的宗旨。

孔子主张"非才不用,唯才是举",只要是人才,不论出身贵贱都要任用。孔子把人才分为一般性人才、贤才、十全十美的人才、圣人四种类型。将人才分类,是因为社会需要各种类型的人才,而不是需要单一的人才。只有培养了各种类型的人才,才能为社会所用,社会才能发展。孔子对于人才的态度是:善用人,他赞美"和而不同""周而不比"的与人合作共事的君子;他肯定善改错,"我非生而知之者"的做法;他认为人才不培养就没有发展,人才不使用就没有价值。

孔子的人才观是志向远大、高度自制。孔子说:"君子谋道不谋食""忧道不忧贫"。"君子之道在于其行己也恭,事上也敬,养民也惠,使民也义。""修己以安百姓",以治国安民为己任,具有使"老者安之,朋友信之,少者怀之"的远大理想,成为修身完善、老少敬仰、世人追随的典范。

孔子对他的学生要求"敏于事而慎于言",先做后说,多做少说,说到做到,"耻其言而过其行",有了忠诚和信任就有了维系、沟通群众的基础。孔子说"学如不及,犹恐失之"。学习要有追赶精神,"博学而笃志,切问而近思,仁在其中矣"。广博地学习、坚守志向、恳切发问、多思考,仁德就在其中了,便可自觉完善自我人格。孔子提倡做人要正直磊落。孔子认为:"人之也直,罔之生也幸而免。"是说做人要正直,正直才能光明磊落;其次,做人要重视"仁德","仁德"是做人的根本。"弟子入则孝,出则弟,谨而信,泛爱众,而亲人。行有余力,则以学文。"人而不仁,如礼何?人而不仁,如乐何？孔子认为具有仁德之才的人才能无私地对人、为人，才能得到民众的称颂。

（二）孔子的人格美理论与追求标准

孔子从"仁"的思想观念出发，对内在的人格之美的升华，在理论上提出如何塑造出一种完善的儒者人格，他对人的内在精神美的论述中，认为一个人的成长需要以"仁"和"义"为本。他以"松柏"作喻："岁寒，然后知松柏之后凋也"，赞扬了在任何不同的社会背景与条件下，都要保持自己的独立的人格，顽强挺立，不屈不挠，为中华民族留下一个永恒的经典性的精神意象。在讲到君子人格精神美的形成时，孔子更是以"仁"为核心，作了这样的概括："君子义以为质，礼以行之，孙以出之，信以成之。"其中"义"是最本质的精神；在实行"义"的同时，需要符合"礼"的要求。在与别人的交往中，则应当表现出谦逊的态度；而诚实守信则是他追求达仁的目标。在《论语·颜渊》中，他也表达了同样的见解："夫达也者，质直而好义。"在他看来，"义"和正直是塑造人格美的要素。有了"义"，就有了做人的根本，因此，他还说："三军可夺帅也，匹夫不可夺志也"，"志士仁人，无求生以害仁，有杀身以成仁。"这些都说明，他把内在的正直和仁义作为君子内在的固有的品质，即使在物质生活比较匮乏的处境和条件下，孔子也特别推崇那种"安贫乐道"的精神。他对这种精神境界做了这样的描述："饭疏食饮水，曲肱而枕之，乐亦在其中。不义而富且贵，于我如浮云。"因此，他说，"一箪食，一瓢饮，在陋巷。人不堪其忧，回也不改其乐。贤者，回也！"他认为从"仁"出发，在"礼"的制约下，达到"义"，于是一切行为就都符合了道德的规范。孔子十分重视人的内在精神的培养，使他的人格力量在言行中得以表现："其身正，不令而行；其身不正，虽令不从。"他强调正派的品格、高尚的道德是具有感染力和召唤力的，有了这样一种内在的精神力量，也就形成了他的人格的魅力。有了这种浩然正气，就可以做到无所忧虑、无所畏惧："智者不惑，仁者不忧，勇者不惧"。他说："刚毅，木讷，近仁。"他把刚强、坚定、质朴和说话谨慎都列入"仁"的精神范畴内涵。这种人,可以做到"乡人之善者好之,其不善者恶之"。

《论语》中强调人格的追求及道德修养的要求:其一,"君子不器",不要像器具一样。孔子提出人才必须具备多种才能,应"义以为质,礼以行之,孙以出之,信以成之"。是说以道义作为做人的根本,按礼仪来实行,用谦逊来表达,用忠诚来完成。其二,重视自我修养。"吾日三省吾身。"每天多次反省自己,不断修正错误,"修己以敬——修己以安人——修己以安百姓"。修养自己,使自己严肃恭敬;修养自己,使别人安乐;修养自己,使所有百姓安乐。

孔子的教育思想是他一生对人性、人生本质的深切认识和体验,是对崇高理想境界的追求和对伟大人格的向往,其自身的历练总结,使其教育思想与人格理想能够与历代学者产生深切的共鸣,其政治理想与教育思想施之于社会改造的理念给我们留下了有益的启示。

‖ 作品来源 ‖

发表于《攀登》2007 年第 6 期。

第二章

他山之石·文章赏析

《论语》的读法及当代意义

刘毓庆

导 读

　　不得不说，有人把《论语》越"解读"越繁复了。那么，《论语》应该怎么读？我认为，解读《论语》有三个基本方法：把握《论语》的核心精神；还原孔子及其弟子言行的语境；确认孔子言说所针对的事物。那么，当代人阅读《论语》有什么意义呢？其一，在中国，想对中国文化有一些理解，不读《论语》，是很难想象的；其二，《论语》可以提高人的境界与层次，从而获得更多的快乐和幸福。

　　《论语》是两千多年前的一部白话文语录，应该说是很浅白、很好懂的。因为它记的是圣人的言行，故后人把它当作了经，觉得它里面一定有奥秘，等待着后人去理解、去发掘，于是研究的人越来越多，注释的文字也越来越繁。西方思潮涌入以后，不少学者又把一套舶来的概念与理论用在了《论语》研究上，特别是所谓哲学的解读，使得《论语》有了更新更深的意义。老实说，这些新概念、新理论、新意义，多半我看不懂。我想不止我看不懂，恐怕孔夫子本人及其弟子也看不懂。把本来浅白的东西，搞得深不可测，这确实能体现一个人的"水平"，这水平在学术上可能是创新，但对于理解《论语》的精神，就很难说有多少意义了。

　　因此，如果想研究《论语》，研究《论语》学史，可做别论。如果想读《论语》，理解其中的意思，则可以抛开那些烦琐的考据和那些由概念理论构建起的新说，认真阅读文本，涵泳文字，理解孔子，领会《论语》的人生实践意义便可以了。

一、如何理解孔子

　　孔子姓孔名丘，字仲尼，生于公元前551年，卒于公元前479年。其先祖是宋国人，因避仇家，逃到了鲁国，所以书上说他是鲁国人，这是大家所熟知的。但孔子为什么要姓孔呢？这则是关系到把握孔子思想根脉的问题，不可不深究。

　　一般研究者认为，因为孔子的六世祖叫孔父嘉，所以这个家族就以孔为姓氏了。据《孔子家语·本姓解》说：

　　　　孔子之先，宋之后也。宋公生丁公申，申公生缗公共及炀公熙，熙生弗父何及厉公方祀。方祀以下，世为宋卿。弗父何生宋父周，周生世子胜，胜生正考甫，考甫生孔父嘉。五世亲尽，别为公族，故后以孔为氏焉。一曰，孔父者，生时所赐号也，是以子孙遂以氏族。孔父生子木金父，金父生睪夷，睪夷生防叔，避华氏之祸而奔鲁。防叔生伯夏，夏生叔梁纥。[1]

《史记·孔子世家》也说：

　　　　防叔生伯夏，伯夏生叔梁纥，纥与颜氏女野合而生孔子。祷于尼丘得孔子。鲁襄公二十二年而孔子生，生而首上圩顶，故因名曰丘云。字仲尼，姓孔氏。[2]

　　叔梁纥即孔子的父亲。《说文》说："孔，通也，嘉美之也，从乙子。乙，请子之候鸟也，至而得子，古人名嘉，字子孔。"[3]《说文》最后一句，是为了证明"孔"字"嘉美"之义来源的。在《左传》中，楚成嘉，字子孔；郑公子嘉，字子孔。孔子的先人"孔父嘉"，也是以嘉为名而取字曰"孔"的。"孔"字从"乙"，《说文》说："乙，玄鸟也。""乙"即燕子。《商颂》说："天命玄鸟，降而生商。"《史记·殷本纪》也说，商人的祖先契是因其母含玄鸟之卵而生下的，故而商人姓"子"。由此看来，"孔"字中蕴含了玄鸟生商的神话，"嘉美"之义便由此而生。

---

①　杨朝明、宋立林：《孔子家语通解》，齐鲁书社，2009年。
②　[汉]司马迁撰，[宋]裴骃集解，[唐]司马贞索引：《史记》，中华书局，1959年。
③　[汉]许慎撰，[清]段玉裁注：《说文解字注》，上海古籍出版社，1981年。

虽然从以上引述的《孔子家语》看，好像孔子的家族从孔父嘉以后，就以孔为氏了，但为什么文献中出现的孔子的父祖两代都不提"孔"字，偏偏到孔子却开始标榜"孔氏"呢？为什么《史记·孔子世家》在介绍了孔子上三代及孔子名字后，还要特书"姓孔氏"三字呢？我想，强调"孔氏"，是孔子的意思，这与孔子的宗族观念有关。孔子正是以"玄鸟"为图腾的商族的子孙，他本是"子"姓，在他生命行将结束的时候，曾声称"而丘也，殷人也"（《礼记·檀弓》）。这一声明正好反映了他强烈的宗族意识。据桂馥研究，春秋时有四支出自不同姓的孔氏，如姞姓之孔、姬姓之孔等（《札朴》卷九）。姞姓、姬姓等三支孔氏后代皆沉默无闻，只有子姓的孔子一支繁衍不衰，这自然与孔子显赫的声名及对血缘的强调有关。正是由于孔子强烈的血缘意识，所以才以"血缘关系"为基础，建立了他以"仁"为核心的道德思想体系。

众所周知，孔子的思想核心是"仁"，"仁"的始点则是"孝"。孔子说："孝，德之始也；弟，德之序也"（《孔子家语·弟子行》）。孔子的高足曾子说："孝弟也者，其为仁之本与！"而"孝"正是在血缘的链条上生发出来的人性萌芽。人来到世界上，首先接触到的人就是自己的父母，人性之爱便在对父母的关系中萌芽，其体现便是"孝"。孝于父母，爱及于兄弟姐妹、宗族、祖先，便有了"和睦九族"的社会群体。即如《礼记·大传》所云："上治祖、祢，尊尊也；下治子、孙，亲亲也；旁治昆弟，合族以食，序以昭缪，别之以礼义，人道竭矣。"[①]再由此展开，推向所有的人，这便有了"博爱"之"仁"。故韩愈说："博爱之为仁"（《原道》）。孔子以"仁"为核心的伦理道德学说，正是在这样的逻辑推衍中产生的。孔子要取"孔"为姓氏，并将其确定下来，正是"君子反古复始，不忘其所由生"（《礼记·祭义》）的"孝"之精神的体现。而其以"礼"为核心的政治学说，正是在此基础上建构的。《祭义》言："天下之礼，致反始也，致鬼神也，致和用也，致义也，致让也。致反始，以厚其本也；致鬼神，以尊上也；致物用，以立民纪也；致义，则上下不悖逆矣；致让，以去争也。合此五者，以治天下之礼也，虽有奇邪，

---

① ［清］孙希旦撰，沈啸寰、王星贤点校：《礼记集解》，中华书局，1989 年。

而不治者则微矣。"①请注意，众多的人在"不忘其所由生"的祖先祭拜中，一种亲和力便会由之而生，而在这血缘的链条上，一种长幼有序的结构秩序便由此形成，相互间的仁爱便会呈现，一个和谐的群体便由此诞生。再由此而推衍于社会，便为礼乐制度的形成与落实准备了条件。

其次是关于孔子的历史地位问题。

"文革"期间，人们把孔子叫作孔老二，说他是没落奴隶主阶级的代表。现在虽然不这么说了，但仍然有人认为孔子的一套是腐朽的。这主要是因为不了解孔子对于中国历史的意义。要想到，如果孔子像"文革"期间说的那么糟糕，立场上代表没落奴隶主阶级，政治上反对社会改革，制度上主张恢复周礼，经济上反对新兴的富有者，生活上强调奴隶主阶级的情调，阶级态度上看不起"小人"，性别上歧视女性，如此之"坏"的人，为什么当时竟然有三千人跟随他呢？他死后弟子们竟然为之服丧三年，有的还服丧六年，一百余户人家竟然在他的墓旁安了家，为他守墓。难道当时的人都没有认识到孔子的"反动本质"吗？还有，两千多年来，人们一直把他当作"圣人"，竟然没有人发现他是坑害百姓的"坏人"，这不太奇怪了？反过来说，历史上还有哪一个"好人"能让人如此服膺呢？

因此我们必须重新理解孔子。孔子一生主要进行着三项活动：一是恢复礼乐文明制度；二是教书；三是整理文献。第一项活动带有政治性，他是一个政治上的失败者，也许正是政治上的失败玉成了他在教育和学术上的大成功。他教授有三千弟子，这等于开了一个"孔子学院"。这三千弟子对于中国文化的传播和战国学术的繁荣，起到了很大的作用。战国诸子百家，有相当一批人都是七十子的弟子或再传、三传弟子。如墨家创始人墨子，本来是"学儒者之业，受孔子之术"的；战国最早的法家代表人物吴起，是孔子弟子曾子的学生；法家最大的代表韩非，是大儒荀子的学生；道家一派的大师庄子，韩愈以为出自子夏一派，也有人认为出自颜回一脉，这也并非没有可能。人们常赞叹先秦百家争鸣创造了中国文化思想史上最辉煌的一页，可是假如没有孔子，这一页能否如此辉煌，还很难说。

---

① ［清］孙希旦撰，沈啸寰、王星贤点校：《礼记集解》，中华书局，1989年。

再说，孔子最大的功绩，在于他通过整理文献，建立了代表华夏文明正脉的"经典文化体系"，这就是我们所说的"五经"。孔子当时之所以要建立这个体系，就是要挽华夏文明于危机。中华民族从尧舜以来积累起来的文明成果，发展到周代，产生了"礼乐文明"这种高级的文明形态，使周代社会表现出了盛世气象。孔子曾赞叹这种文明说："郁郁乎文哉！"但到孔子时代，这种文明受到了来自两个方面的冲击：一是周边蛮夷入侵，二是诸夏礼崩乐坏。这两种冲击使得数千年文明智慧之果悬于一线。要想使这种文明得以承传，唯一可行的办法就是建立代表这种文明的"经典体系"。一旦这个体系确立，就可以使中华文化的命脉得以延续。也正是因为有了孔子建立的"经典体系"，中华民族才能历经劫难而不衰。世界上四大文明古国，其他三国的古文明皆已中断，唯中国文明独存，原因正在这里。元朝郝经曾说过一句经典性的话："能行中国之道者，则能为中国之主。""中国之道"就是指"五经"所承载的中国文化之道。不管哪个民族入主中原，只有首先接受这个文化体系，中原人才能接受他。像鲜卑、蒙古、满族等在中原建立政权，走的都是这条路。这些民族接受了"中国之道"，自己的文化却走向消失，或作为某些元素融入到了中国文化系统中。最后的结果是汉族政权虽然灭亡了，可是汉族没有亡，反而在民族融合中更加强大了。汉族不是血统概念，而是文化概念。孔子作《春秋》，辨夷夏，但有一点很值得注意：夷狄用中国之礼，便被视为中国之人；相反若用夷狄之礼，则被视为夷狄。所以韩愈《原道》说："孔子之作《春秋》也，诸侯用夷礼则夷之，进于中国则中国之。"显然夷夏之分主要在文化上，而不是在血统上。汉族能成为世界上人口最多的民族，就是因为在文化上融合了诸多的民族，因而也是世界上血统最混杂的民族。显然，中国文化能够历久不衰，中华民族能够成就其大，都离不开孔子。

可以说，不懂中国历史，就不知孔子对于中华民族存在的意义；不读《论语》，就无法了解孔子。"经典文化体系"的基本精神，通过《论语》中孔子及其弟子的言行活生生地表现了出来，为中国人确立了人格楷模，使世代读书人为之奋斗。这也就是我们今天为什么还要读《论语》的一个原因。

二、《论语》的读法

《论语》是一部教人如何做人的书。宋代大理学家程颐说:"读《论语》,旧时未读是这个人;及读了后,又只是这个人,便是不曾读也。"①这就是说,《论语》不是古典知识,读不到心上,落实不到行动上,那等于白读。

明末清初学者冯班在他的《钝吟杂录》中说:"最难读者《论语》。圣人说话简略,说得浑融,一时理会不来,是难读也。亦最易读。读一句是一句,理会得一分是一分,是易读也。不似他书,读错了要误人。"②这话说得很有道理。阅读《论语》的难点主要不在训诂,而在"理会",因为它的"简略"和"浑融",使得许多似是而非的解释有了存在的空间。如何才能突破"简略"和"浑融"的障碍,让它变得澄明,这是一道摆在我们面前的难题。前人曾设计过多种解题的方案,也多有创获。"条条大路通北京",在此我们不必强调"唯一"。就《论语》一书的编辑而言,编撰者一定有意义方面的构想,即如元代胡炳文所说:"始之以'人不知而不愠',终之以'不患人之不己知'(《学而》末章),此《学而》一篇终始也。始之以'不亦君子乎',终之以'无以为君子也'(《论语》末章),始则结之以'患不知人',终则结之以'不知言,无以知人也',《论语》一书终始也。门人纪之,岂无意欤?"(《论语通》卷一)③就《论语》的每一章而言,记录者一定有意义方面的考虑。我们从三个方面设问:时人为什么要如此问? 孔子为什么要如此说? 弟子们为什么要如此记? 只要如此追问下去,多半是可以探得骊珠的。同时如程颐所说:"读《论语》者,但将弟子问处便作己问,将圣人答处,便作今日耳闻,自然有得。"此处提出阅读《论语》的三个基本方法,希望能对读者有所帮助。

---

① [宋] 程颢、程颐著:《二程遗书》,景印《文渊阁四库全书》第 698 册,台湾商务印书馆,1986 年。
② [清] 冯班:《钝吟杂录》,见《清代学术笔记丛刊》第 1 册,学苑出版社,2005 年。
③ [元] 胡炳文:《四书通·论语通》,景印《文渊阁四库全书》,台湾商务印书馆,1986 年。

（一）把握《论语》的核心精神

《论语》的核心是讲做人。进一步讲，就是如何做一个有高尚道德情操的"君子"。

孔子认为，做人的基本原则，是坚持道德自觉。人的具体行为可以根据环境条件灵活掌握，唯道德意识不可须臾离弃，仁、义、礼、智、信应该时刻铭记在心，即所谓"君子之于天下也，无适焉，无莫焉，义之与比"。

做人的目标是君子人格。孔子反复所强调的"仁"，就是君子人格的最高境界。孔子之所以讲"杀身成仁"，就是因为对君子而言，仁比生命更重要，所以为了仁可以抛弃生命。

做人要达到的社会效果是"和谐"，即减少与外界环境的摩擦，减少人与人之间的摩擦，创造一种良好的生活环境与欢快祥和的氛围，即所谓"和而不同""礼之用，和为贵"等。

"道德"是内心必须坚守的原则，"和谐"是道德坚持下的外在表现，"君子"是要追求的人格目标。这三者共同构成了《论语》"如何做人"这一问题的基本内容，也成了阅读《论语》一书的纲领。纲举才能目张。

《论语》在对孔子及其弟子们的言行记述中，既明确地回答了"如何做人"的问题，也充分地展现了这个圣贤集团是如何在道德坚持中妥善处理周围事物达成"和为贵"的社会效果，从而实现君子人格的理想追求的，由此为我们树立了典范。虽然为了述说的方便，我们把道德意识、和谐方式、君子人格三者分作内在坚持、外在表现、目标追求而论述，但这三者实则是一体的。在《论语》所记述的圣贤典范中，这三者已内化为圣贤典范的内在精神，共同体现着圣贤们的人生境界。

其实不止是《论语》，孔子之后产生了许多的文化典籍，其所谈的最基本的问题之一就是"如何做人"，且大多是接着《论语》来谈的。他们所坚持的核心价值是"道德"，所把握的核心精神是"和谐"，所追求的人格目标是"君子"。这一切都是围绕着人的精神提升而进行的，这也正是人的发展方向。

（二）还原孔子及其弟子言行的语境

《论语》是孔子及其贤徒言行的记录，是过了若干年，经过历史的淘汰、筛选后，才由孔门后学编辑而成的，因此只有对孔门后学留下深刻记忆和印象的言行才能被记录下来。同时，这些只言片语的记录，是伴随着背景故事在孔门中流传的。因为当时的书写工具是竹帛，不仅造价高，而且书写也比较困难，所以很难将背景故事记下来，只有老师教学生时，才能通过口授将事情说清楚。《礼记》中的《檀弓》篇记有这样一则故事：

　　有子问于曾子曰："问丧于夫子乎？"曰："问之矣。丧欲速贫，死欲速朽。"有子曰："是非君子之言也。"曾子曰："参也闻诸夫子也。"有子又曰："是非君子之言也。"曾子曰："参也与子游闻之。"有子曰："然。然则夫子有为言之也。"曾子以斯言告于子游。子游曰："甚哉，有子之言似夫子也。昔者夫子居于宋，见桓司马自为石椁，三年而不成。夫子曰：'若是其靡也，死不如速朽之愈也。'死之欲速朽，为桓司马言之也。南宫敬叔反必载宝而朝，夫子曰：'若是其货也，丧不如速贫之欲也。'丧之欲速贫，为敬叔言之也。"曾子以子游之言告于有子。有子曰："然。吾固曰非夫子之言也。"曾子曰："子何以知之？"有子曰："夫子制于中都，四寸之棺，五寸之椁，以斯知不欲速朽也。昔者夫子失鲁司寇，将之荆，盖先之以子夏，又申之以冉有，以斯知不欲速贫也。"①

"丧欲速贫，死欲速朽"，意思是：丢了官最好快点贫穷了，死了最好快点腐朽掉。曾子在传达孔子这话时，没有交代言说的背景，由此而引起了有子的怀疑。这话乍听起来，确实不合常理。待子游补充了背景故事后，有子才确信这是孔子说过的话，也才明白了这话是有很强的针对性的。这是发生在两千五百年前的故事，当时孔子去世不久，因为背景被曾子隐去，孔子的另一位学生有子便不能明白其意义，更何况在《论语》的背景故事全部失传的两千五百年后的今天呢？

因此要真正理解《论语》，就必须对它进行语境还原，恢复当时的情境。清代就有学者发现了这个问题。如《论语·阳货》篇说：

---

① ［清］孙希旦撰，沈啸寰、王星贤点校：《礼记集解》，中华书局，1989 年。

佛肸召，子欲往。子路曰："昔者由也闻诸夫子曰：'亲于其身为不善者，君子不入也。'佛肸以中牟畔，子之往也，如之何？"子曰："然，有是言也。不曰坚乎，磨而不磷。不曰白乎，涅而不缁。吾岂匏瓜也哉？焉能系而不食？"

这是孔子晚年发生的事情。佛肸是赵简子的叛臣，他想招揽孔子为他办事，孔子也有点蠢蠢欲动。子路劝止，孔子却突然冒出了一个问题："难道我是老葫芦吗？怎能只挂起来看而不能吃？"孔子怎么一下子想到了高悬的葫芦呢？显然让人感到意外。清人邹弢在《三借庐笔谈》中说：

"吾岂匏瓜"章，朱注谓"匏瓜系于一处"云云，模糊了事。今学者转昧真诠，好奇者谓匏瓜在天为星，在地为物，仍与孔子立言之旨相悖。即作现身说法，则"匏瓜"两字，无端引入，未免无理。此句当作"视斯""指掌"神情讲去，便得其窍。孔子以子路之言，自明坚白，说至"不缁"句，适见庭中有匏藤瓜系其上，即指之曰："吾非此系而不食之物也。"此即用我有为之意。若谓不能饮食，岂匏瓜之自能饮自能食耶？[①]

这样做情境还原后，显然就好理解多了。

有些章节，不做情境还原，几乎不能理解。如《学而》篇说：

子曰："君子不重，则不威。学则不固。主忠信。无友不如己者。过，则勿惮改。"

这一段共五句话，一句话一个意思，不相连贯，让人不可捉摸。所以日本学者伊藤仁斋认为，《论语》中"有并录异日之语者，有缀辑数言以为一章者。"[②]如此章，便是"孔门诸子，缀辑夫子平生格言，以为一章"。但这个解释并不能让人信服，因为《论语》中数字作一章者并不少见。如"有教无类"，四字一章；"辞达而已矣"，五字一章；"君子贞而不谅"，六字一章。最有可能的是，这是孔子与弟子们一次交谈时提到的几个观点。弟子们在记录时，只记录了孔子的话，而把对方的提问给略掉了。假如虚拟如下的一个情境，可能就好理解了：

---

① [清] 邹弢：《三借庐笔谈》，见《笔记小说大观》第 26 册，江苏广陵古籍刻印社，1983 年。
② [日] 伊藤仁斋：《论语古义》，东京合资会社六盟馆，明治四十二年印刷。

子路问："君子何以贵重（《法言》有四重之说）？"

子曰："不重，则不威。"

子路问："然威则生畏，民畏从之，则易萌自是之心，固一己之见。何耶？"

子曰："学则不固。"

子路问："学当以何为主？"

子曰："主忠信。"

子路问："忠信所以进德也，须与师友切磋而后有进。如此，于友何择焉？"

子曰："无友不如己者。"

子路问："友有非我者何？"

子曰："过，则勿惮改。"

这样，每一句话便都有了着落，也就不难理解了。

这当然需要一定的考据功夫，但更重要的是揣摩人情事理。千古人情不相违，只要把握住人情，从中绎其事理，把只言片语放于一定的情境之中来考虑，其中的意义大半也就呈现出来了。

（三）确认孔子言说所针对的事物

清人魏象枢《庸言》说："圣人是天地一大医，有病在人心性间，或在事物间者，一病必有一方，治无不效者。"[①]被后世奉为药王的孙思邈，撰有"妙尽古今方书之要"的《千金方》（叶梦得：《避暑录话》），《论语》可以说就是一部医治精神疾病的《千金方》。它的每一则语录，都是对症下的药，既可切中当事人的症候，也有教育世人的意义。对孔子及其弟子的这些言论，如果不考虑它所针对的病候，只做一般的理解，虽然也能说通，但很难发现它的精妙之处。比如《为政》篇说：

子曰："我与回言终日，不违，如愚。退而省其私，亦足以发，回也不愚。"

---

① ［清］魏象枢：《庸言》，见《清代学术笔记丛刊》第3册，学苑出版社，2005年。

杨伯峻先生翻译说："孔子说：'我整天和颜回讲学，他从不提反对意见和疑问，像个蠢人。等他退回去自己研究，却也能发挥，可见颜回并不愚蠢。'"[①]如果仅仅这样理解，那么，这段话要说明的核心问题就是："颜回不是笨蛋。"但这有什么意义呢？是有人说颜回笨，孔子给颜回辩护呢，还是孔子开始觉得颜回笨，后来发现他不笨了呢？有人又说："孔子喜欢内向性格的人，故赞扬颜回。"但这段话仅仅是为了表示孔子的情感倾向吗？显然这样的理解都是有问题的，因为它没有意义，没有让孔门后学世代相传的价值，更不能成为经典语录。如果我们考虑到，孔子这话是说给弟子们听的，是要给弟子们树立一个学习的榜样，这意义就大不同了。

大约从事教师工作的人，都有遇到三种特殊学生的体验。第一种学生，老师的话还没说完，他就觉得自己已经领会了老师的意思，于是急匆匆接着表达自己的看法，连说"对！对！对！""是！是！是！"甚至举事引证，加以发挥，把老师要引发的藤，引到他自己的树上，其实他根本就没有理解老师的意思。这样的学生，教起来很费劲。第二种是提疑问，对老师的意见表示怀疑，甚至提反对意见，根本意识不到自己的知识储备还不到足以和老师辩论的程度。这样的学生就更难教了。这两种表现，都是学习的大忌，因为他们太"自满"，自作聪明，不知虚心听取老师的话，消化老师的教诲。第三种就是颜回式的学生，终日之间不见有违逆之意，而是虚心听讲，先把老师的教诲以及传授的知识记在心里，然后慢慢领会、消化，从行动上表现出来。这样的学生才是最有出息的，也是孔子最喜欢的学生。孔子用这种方式肯定颜回，树立一个榜样，这其实是对子路之流的批评，也是为子路之流开的一剂良药。

再如《学而》篇有言：

　　子曰："巧言令色，鲜矣仁！"

嘴说得很好听，态度也和蔼可亲，这样的人有什么不好呢？于是就有人用了如下的读法："巧言令色鲜矣，仁！"意思是巧言令色这样的仁人太少了。裴斐先生的《裴斐〈论语〉讲评》则举了更有意思的例子，他说：

---

① 杨伯峻：《论语译注》，中华书局，2006 年。

我想先提个问题：你们认为擅于辞令、和颜悦色的人好呢，还是沉默寡言、面带凶相的人好呢？比如走进一个商店，我想谁都愿意遇见前一种售货员，不愿遇见后一种售货员。但是，从古到今，中国人都瞧不起巧言令色的人，用朱熹的话说，他们是"务以悦人"。其实让人高兴又有什么不好？就拿商店售货员来说，取悦于人总比让人生气的好！大概孔子和朱熹都没有遇见过凶神恶煞似的售货员，他们没有这种体会。[①]

像这样理解，这句话不但没有了经典意义，而且也违背了常理，为什么还有人世代学习呢？其实我们只要想一想在平时交往中，初次见面就说得天花乱坠、和颜可掬的人，就什么都明白了！他们往往巧舌如簧，大包大揽，但有几人能履行诺言呢？又有几人不为之上当受骗呢？孔子此言就是针对此种人而发的。老子从一个智者的角度也谈过同样的问题："信言不美，美言不信。"漂亮话信不得！还原当时的语境，应该是有一"巧言令色"的人偶然出现，过后大家都觉得这人很好，而孔子则从长期的阅人经验出发，告诉大家：这样的人不可靠。当然，"巧言令色"也有可能指乡愿式的、没有是非原则的好好先生。因为没有是非原则，一味地充好人，对善的事物不能坚持，对恶的事物不去反对，尽管普通人都说他是好人，也很难配得上一个"仁"字。

以上所谈，可说是进入《论语》殿堂的三条路径。明白此道，对《论语》的理解才有可能会深入。当然作为一部经典，它是永远解释不完的，有一千个读者，就可能有一千种《论语》。此间自然会有不同的理解，也难免会有"误读"，但只要不背离《论语》的核心精神，能够从误读中滋生出有益于人类健康发展的思想来，这也是允许的。《韩非子》里记有一个故事：一个楚国人给燕国的相国写信，因是是夜里写信，光线昏暗，他就吩咐家人把烛举高点。当他吩咐家人"举烛"的时候，他不由得就把"举烛"两个字写在了信上。这本来是误记的两个字，可燕国相国却理解为"尚明"，认为是要他任用贤明之人，由此燕国获得了好的治理。这是一个典型的误读例子，但这种误读却是十分有意义的。尽管说是"误"，但这"误"

---

① 裴斐：《裴斐〈论语〉讲评》，凤凰出版社，2007年。

与楚人信的基本内容一定不会矛盾，否则燕相也不会由"举烛"联想到"举贤而任之"上去。

三、《论语》的当代意义

《论语》在中国古代是一部经典，即所谓"恒久之至道，不刊之鸿教"（《文心雕龙·宗经》）。在今天，虽然中国古代经典体系已经被部分颠覆，但《论语》也没有变成只作为古典知识存在的"文物"，它所呈现出的以孔子为代表的圣贤集团形象，像一座倚天耸立的灯塔，照耀着当代人的生存之路和心灵世界，更重要的是为人类的继续生存提供了宝贵的思想资源和价值选择。

在以孔子为代表的中国文化思想中，有两点特别值得我们关注。第一是对于社会永恒性稳定秩序的思考。孔子考虑的不是眼前的利益，而是永恒的利益。因而在孔子的思想中看不到"功利"的色彩，而是把稳定人类和谐的"仁""礼"放在了核心位置上。第二是对人类整体利益的思考。在孔子的思想中很少有国家、民族的观念，即使有，也是重在"文化"或善恶的区分上，而不在血统上。他是面对天下的"人"来说话的，而不是为某些人、某个国家或某个民族服务的。日本学者伊藤仁斋评论孔子说："其作《春秋》也，诸侯用夷礼则夷之，夷进于中国则中国之。盖圣人之心即天地之心，遍覆包涵，无所不容，善其善而恶其恶，何有于华夷之辨？"（《论语古义》卷二）①《吕氏春秋·贵公篇》说："荆人有遗弓者，而不肯索，曰荆人遗之，荆人得之，又何索焉？孔子闻之，曰：去其荆而可矣。"②这个故事充分表现了孔子的博大胸怀。

要考虑人类长远的利益和整体的利益，就必须要解决人的问题，即人心、人性的问题。在西方人的观念中，人心是靠上帝来管理的，因此人人都必须有宗教信仰，凭着对上帝的敬畏和虔诚，来收敛自己的不规之心。罪犯可以通过向上帝的忏悔，求得内心的安慰。但因宗教信仰、宗教派系

---

① ［日］伊藤仁斋：《论语古义》，东京合资会社六盟馆，明治四十二年印刷。
② 王利器：《吕氏春秋注疏》，巴蜀书社，2002 年。

的不同，不时会发生冲突，甚至诉诸战争，同时宗教也无法解决人们对物质利益的贪求。而孔子，则是在上帝缺席的前提下，提出自己理论的。他要人自己做主，自己解决自己的问题，在道德自觉中达成相互和谐，实现人类的持久和平。

人类的发展，应该说就是人的发展、人性的发展，是人类精神在道德领域的不断提升。这正是孔子所主张和坚持的人类发展方向。可是在我们这个时代，中国传统的价值观念部分被颠覆了，并被视为落后、保守。人们把物质利益放在了首位，而且将此当作天经地义，在追求物质利益最大化的过程中，绞尽脑汁地思考着发展先进的科学技术，以求向异己的个体和群体，向自然索取更大的利益。在先进的科学技术给人类带来种种危机（如能源危机、生态危机、战争危机等）的当下，更多的人不但没有意识到人类覆灭的危险，反而把科学技术的不断革新，当作了人类发展的方向，幻想着用新的科学技术来克服因科技带来的问题，甚至提出了一种美好的人类未来理想蓝图，如：发展医疗技术，使得人的寿命延长到八百、一千岁，甚至更长；开发新的能源，使人类取之不尽，用之不竭；开发智能技术，使未来的人类比现在的人类聪明百倍千倍；发展航天技术，在地球崩溃之日，进行星球大移民。这些构想确实是伟大的，然而细细思考一下理想实现之后的人类处境，却让人不寒而栗。

我们姑且顺着今人的思路来设想一下：医学的发展，可以使病人随意更换新器官；人体器官克隆工厂，也可以随时提供材料。人体的五官、五体、五脏、六腑等，什么坏了都可以更换新的，使之永远保持着健康体格，于是长生不老的超人类出现了。

智能的开发，使人可以将已故的伟人大脑复制、复合、拷贝到现在人的大脑中，甚至还可以把人脑合成像电脑一样的运算机器，储存大量的电子版图书，而且可以根据需要随时调出。于是智商超过现代人千百倍的超人类出现了。

新能源的开发，使人类发明了新的交通工具，既可以上天，又可以入地，还可以下水，在拥挤堵塞的干道上，根据需要飞向天空，以一百米、二百米、三百米不等的高度，在空中交叉飞行，三小时内即可到达地球上任何一个地方。于是，以每小时数千公里的速度飞行的超人类出现了。

航天技术的发展，使人类发现了太空中比地球更适宜生命生存的星球，并且也制造出了可以运载百人千人的星球交通工具。于是可以实现星球移民梦想的超人类出现了。

寿命等于现代人的十几倍乃至几十倍，智商高于现代人千百倍，可以日行数万里，可以移民别的星球，这显然与现代人已经不是一个概念，只能被视作"超人类"。

根据这个构想，超人类实在太美了！那是天堂中的生命，还有谁不愿意呢？但问题的关键在于：移植、更换人体器官，拷贝大脑储存信息，驾驶飞行器，移民别的星球，无论哪一项，对具体的人来说，都需要一笔惊人的费用。就拿目前肝脏手术来说，一次大约需要上百万人民币，是普通农民一辈子都积攒不够的钱。要想进入"超人类"的级别，需要付出昂贵的代价，是否地球上所有的人都可以成为"超人类"呢？如果不能，人类必然根据今天存在的贫人与富人分化为两种不同的生命存在。超人类与人类的关系，就相当于人类与猿猴的关系。谁能保证超人类不会像人类对待猿猴一样地对待人类呢？这样，人类的命运不是很可悲吗？

这是在未来。那当下又如何呢？科学技术确实给现在的人类带来许多便利，使人类感受到了它的意义，但在物质利益最大化的价值追求中，很多人已经失去了生活的方向，失去了人生的目标，不知道为什么活着、活着的意义在哪里。于是心理疾病者、精神疾病患者越来越多，道德滑坡，人与人之间的温情减少，不信任感增多，这难道不是令人忧虑并悲哀的吗？

要明白，幸福不在欲望的满足中，因为满足是暂时的，它会使你因更大的欲望诱惑而痛苦。幸福在如何做人中，在精神提升中，在《论语》所说的"学而时习之"中。读书的境界与层次，就是人生的境界与层次，层次越高，天地就越宽，人所获得的幸福快乐就越多。

人性、人心像一块田地，用《论语》所教的方法、所提供的种子和肥料耕种，才能使这片田地不因杂草而荒芜，才能享受丰收的喜悦。这丰收便是幸福的资本；这喜悦，就是幸福达到的境界。日本江户时代的学者伊藤仁斋称《论语》为宇宙第一书，岂不然哉！岂不然哉！

‖ **作品来源** ‖

发表于《名作欣赏》2015 年第 5 期。

钱穆说中国散文小品《论语》

钱 穆

导 读

　　钱穆先生从赋、比、兴的角度，强调了《论语》的文学性，将《论语》表达的哲理性叙述得生动、有趣味。这也是《论语》千百年来为人们喜爱的原因之一。

　　中国最古的散文小品，应可远溯自《论语》。普通把《论语》作经书看，认为是圣人之言，不以文学论。然自文学眼光看来，《论语》一书之文学价值实很高，且举几例：

　　子曰："岁寒，然后知松柏之后凋也。"

　　此一章只一句话，却可认为是文学的，可目之为文学中之小品。又如：子在川上，曰："逝者如斯夫！不舍昼夜。"

　　此章仅两句，但亦可谓是文学，是文学中之小品。以上两章，后人多取来作诗题和诗材用。即论此两章文字，亦是诗人吐属，只是以散文方式写出，大可说其是一种散文诗。诗必讲比兴，而此两章则全用比兴，话在此而意在彼，所以得称为文学，而且特富诗意。

　　诗有赋比兴三体。赋者直叙其事，把一事直直白白地写下，似乎不易就成为文学。唯赋体用韵文写，始较易成为文学的作品。古人谓，左史记言，右史记事，记言记事都属史。《论语》本系一部记言记事的书，记孔子之言行，属赋体而又用散文写出，照理应不属文学的。但《论语》中此类直叙其事的短章，亦又很富文学情味，实当归入文学者。例如：

子曰:"贤哉回也,一箪食,一瓢饮,在陋巷,人不堪其忧,回也不改其乐,贤哉回也。"

此章纯属赋体,无比兴,全文共28字,而"回也"二字重复了3次,"贤哉"二字重复两次,且又多出了"人不堪其忧"5字,像是虚设。本为赞颜回,何必涉及他人?此一章如用刘知几《史通》点烦法,则28字中应可圈去11字,大可改为:一箪食,一瓢饮,在陋巷,不改其乐,贤哉回也。

此章正为多出了上举之11字,便就富了文学性,此所谓咏叹淫泆,充分表达出孔子称赞颜回之一番内心情感来。"人不堪其忧"5字,正是称赞颜回的反衬,是一种加倍渲染。此章正为能多用复字复句,又从反面衬托,所以能表现得赞叹情味,十分充足。若在字句上力求削简,便不够表达出那一番赞叹的情味来。又如:

饭疏食饮水,曲肱而枕之,乐亦在其中矣。不义而富且贵,于我如浮云。

此章也是直叙赋体,若在"乐亦在其中矣"一句上截住,便不算是文学作品了。但本章末尾,忽然加上一掉,说:"不义而富且贵,于我如浮云。"这一掉,便是运用比兴,犹如画龙点睛,使全章文气都飞动了。超乎想象外,多好的神韵。因此此一章遂成为极佳的文学小品。

‖**作品来源**‖

发表于《名作欣赏》2004年10期。

孔子的社会人生追求——《论语·侍坐》新读

李存霞　李　怡　白立民

　　导读

　　对《侍坐》一文的诠释向来争议颇多，本文从发生学和阐释学的角度出发，对其进行了重新解读，认为它反映了孔子"隐居以求其志，行义以达其道"的人生哲学和对理想的大同社会的追求。

　　《侍坐》记述孔子和四位弟子畅谈理想志向的场景。在《论语》中不仅篇幅最长，而且对人物的神态动作等细节有所刻画，和整本书的风格不太一致，历来争议颇多。这些争议主要集中于两点。一是真伪之辨；一是对"吾与点也"的理解。特别是后者，自于丹引发"论语热"以来，解家不断。仅笔者目力所及就有于丹"援道释儒说"，[①]唐韧"民间路线说"，[②]贝淡宁"社会信任说"。[③]诸家所言均能新人耳目，但不无过度阐释之嫌。本文试图在贴近历史语境和文本语境的前提下，提出自己的一孔之见。

一、孟子对孔子入世精神的强化

　　在《侍坐》记录的这场谈话中，子路等四人畅所欲言，孔子只是用片言只语把谈话一步步导向深入。文中有三处写孔子对子路、曾晳、冉有和公西华等四位弟子言行的回应。第一次是子路率尔而对后，"夫子哂之"。

---

① 于丹：《于丹〈论语〉心得》，中华书局，2006年。
② 唐韧：《对话教学与孔子〈侍坐〉》，《名作欣赏》，2007（4）。
③ 贝淡宁：《论语的去政治化》，《读书》，2007（8）。

"哂"，朱熹解作"微笑也"。即孔子撇撇笑笑表示怀疑。第二次是曾皙描绘了自己的理想蓝图后，孔子感慨地说："吾与点也"。他表示赞同曾皙的主张。最后一次出现在文章的结尾。子路等三人离开后，在曾皙一再追问下，孔子对之作了简短的评论。其中"吾与点也"一语是解开千古纷争的金钥匙。

"吾与点也"，这句从一位睿智老人口中发出的喟叹，一字千钧，凝聚了孔子在乱世中辗转流徙、奔波一生的社会理想追求，浓缩了他历经磨难、饱经风霜，对生命体悟反省升华后的人生态度。

出处行藏是古代士大夫终其一生的核心问题。社会有治乱之分，人生有"遇"与"不遇"之别，怎样才能在瞬息万变的社会中确立个体生命的人生坐标，孟子为士人开出了"达则兼济天下，穷则独善其身"①的方剂。它既强调建功立业、安邦经世的积极进取精神和高度社会责任感，又不排斥洁身自好、颐养天年的避世隐逸情怀。如此看来，孟子似乎兼顾两者，但实际上他更为推崇前者。真正把这一思想贯彻到底的唯有孔子。

在礼崩乐坏的春秋战国时期，孔子为复兴周礼，创办私学，广收门徒；周游列国，遍干诸侯，高扬明知不可为而为之的精神。63 岁时，孔子被困陈蔡，食尽粮绝，他毫不气馁，充分体现了儒家一贯坚守的杀身成仁的大丈夫气节。曾子说："士不可不弘毅，任重而道远。"勇于承担，自强不息，孔门师徒身体力行，使儒家在诸子百家中成为显学。但是，孔子的保守思想，在遭遇政治经济大变革的现实时难免尴尬。在和各国诸侯的双向选择中，孔子提出"邦有道则仕，邦无道则可卷而怀之""用之则行，舍之则藏"的处世原则。孔子晚年，已经隐约地感到理想渺茫，在情绪低落、心情沮丧时，发为牢骚之言就有"道不行，乘桴浮于海""吾与点也"之类的慨叹。这样，孔子的思想有了与老庄相通之处。尽管一方是积极地追求，一方是无奈之举。与老庄相比，孔子的归隐是有条件的因时而退，这种境界比老子的"昏昏闷闷"的隐居更为潇洒和脱俗，因而更易为后世士大夫所接受。那么，为什么后人谈及儒家总是强调其"入世"的一面呢？要回答这个问题，需要对孟子的思想作一番审视。

---

① ［宋］朱熹：《四书集注》，岳麓书社，1986 年。

孟子受教于子思，属思孟学派。他以非凡的辩论才能和巨大的创造力使儒家思想得以发扬光大。《论语》时代的儒家思想犹如七窍未凿之混沌，是一个包孕多方发展的开放系统。孟子从中建构起性善论，他以人人皆可为尧舜的理念，致力于"内圣"人格的塑造。孟子一生充满勇往直前的斗争意志，他相信困难和挫折是必经的考验，在他的词典里，找不到"退却"二字。这种单向度的生命安顿方式与孔子相比，有一种"当今之世，舍我其谁"的轩昂霸气，当然随之而来的后果是生命中少了一份弹性。孟子的身体力行强化了儒家的"入世"面貌，因此，当人们读到孔子"吾与点也"的喟叹时，把它简单地看作消极之言也就不足为奇了。

二、庄子和王弼对孔子出世情怀的遮蔽

孔子思想中的道家成分有发生学的原因也有阐释学的因素。从表面上看，孔子对道家思想的领悟以及庄子和王弼对《论语》思想的发挥引申，加重了它的道家色彩。实际上，历史往往以悖谬的面目呈现，老庄和王弼的介入，反而消解了孔子的"出世"思想。赞同曾皙人生理想的孔子形象随着时间的流逝越来越模糊不清。

孔子提出"和而不同"的思想。他以海纳百川的宽广胸怀和谦虚好学的态度，广收博取，创造性地建构自己的人生哲学和社会理想。《庄子》《韩诗外传》《新序》《礼记·曾子问》和《史记》等著作中都曾记载孔子师事老聃一事。公元前518年，孔子带弟子南宫敬叔到周都洛阳，观周朝文物制度，拜见老聃，并得到老子的当面指教。老子当面告诫孔子："君子得时则驾，不得时则蓬景而行。"孔子在积极入世屡受挫折时，必然反思老子识时而退的思想，形成了自己的进退观。这样，老子的出世思想为孔子的入世哲学提供了现成的退路，孔子吸纳过来，作为儒家思想体系中的一个不可或缺的出口。《侍坐》中，曾皙"莫春者，春服既成，冠者五六人，童子六七人，浴乎沂，风乎舞雩，咏而归"的志向与孔子不谋而合，其"吾与点也"的喟叹在这里找到了源头。

《论语·微子》中多次记载孔子与隐者的交接，接舆、长沮、桀溺、荷蓧丈人都对孔子有所讽喻。孔子虽然不认同隐士的做法，但他尊重隐士，称他们为贤者。桀溺"滔滔者，天下皆是也，而谁以易之"的质问，对孔子也并非毫无震动。接舆等人避世而居，躬身践履，他们走进孔子的视野，以另一种存在洞开了一扇乱世求生之门，成为他出世思想的现实根源。

据统计，《庄子》一书中称引孔子有42处。庄子时而把孔子作为道家思想的对立面，时而又让孔子成为道家思想的理解者和代言人。但更多的是抓住孔子思想中的少量道家成分，借为己用。庄子借孔子之口阐发道家意旨，并把他归隐的倾向明确化、现实化，如《山木》篇假托孔子困于陈蔡这一史实，虚构出太公任吊慰之辞，孔子听后，欣然践行。"辞其交游，去其弟子，逃乎大泽，衣裘褐，食杼栗。"[1]庄子生活的年代去孔子不远，他对孔子思想中道家成分的阐述有其可信性。但是，庄子对孔子的道化，反而使其出世思想受到遮蔽。

魏晋玄学兴起后，王弼解《老子》、释《论语》，会通儒道。汤用彤把王弼对《论语》新义的创见归结为四个方面，其中之一是用行舍藏。王弼崇尚老庄，援道入儒。他苦心孤诣地发掘《论语》中的道家思想，固然有对孔子思想的改造，但这种改造之所以行得通，还在于《论语》客观上的确存在道家思想的成分。

综上所述，通过梳理道家思想对儒家思想的渗透以及这种渗透过程中的消解作用，我们得以全面把握孔子的思想，深刻理解《论语》中诸多篇章的精义。

三、"吾与点也"新解

"吾与点也"折射出孔子特定语境中的心态，像灿烂的晴空偶然飘过一片云翳，孔子坚强乐观的心灵出现瞬间波动。他情绪陡落，想纵身跃入大自然的怀抱寻求慰藉和解脱。但仅此一点还不足以揭示"吾与点也"一语

---

[1]　陈鼓应:《庄子今注今译》，中华书局，2006年。

的深层意蕴。因为此时孔子的心情极其复杂矛盾，非消极悲观可以涵括。而曾皙所勾画的理想蓝图具有多义性，提供了多种解读的可能。

"莫春者，春服既成，冠者五六人，童子六七人，浴乎沂，风乎舞雩，咏而归。"这种士大夫潇洒适意的生活场景，难道不是太平盛世的一个缩影吗？对比《礼记·大同》可以发现，孔子向往大同之世，终其一生他都在极力促成以周礼为代表的小康社会的实现。当其时也，贤能在位，百姓各得其所，上下尊卑，秩序井然，社会和谐。士大夫不必穿梭于各诸侯国之间鼓唇弄舌，他们可以沐浴在明媚的春光中歌咏弹唱。这是曾皙心向往之的生活美景，也是孔子追求的"无为而成""无为而治"的大同社会。他当然要对曾皙的"志"慨然叹许。

形而上者为之道，形而下者为之器。同在谈论社会理想，四位门徒的思想境界不同，他们的"志"就有了"道"和"器"的差别。道是万物与人性之本原，是治理国事之本；器是万物，是有利于物质发明和实际生活之末。具体到子路、曾皙、冉有和公西华而言，子路志在治军，冉有和公西华，一者志在治赋，一者志在治礼。他们都能立足现实，脚踏实地，但是只有曾皙深悟圣人之道，高瞻远瞩，在从容得体地应对中表现出高于其他三人的思想境界。

在道和器的关系上，孔子重道轻器，强调以道御器。他说："君子忧道不忧器。""朝闻道，夕死可矣。"因此，他对子路等四人的评价就有"哂"、肯定和赏识种种不同的态度。听着众弟子畅谈理想，孔子仿佛又重温了一遍自己的人生历程。为达官贵族丧事赞礼的儒者；从家臣到司寇，在鲁国张大宗室，打击三桓；周游列国，终被所弃。现在学生不孚师望，鉴于资质才能的差异，不同程度地领悟到老师的谆谆教诲。子路不计成败追随孔子，对此，孔子从不掩饰自己的喜爱之情，但他生性鲁莽，惯于逞强恃勇，朱熹认为他"不达为国以礼的道理"。孔子深明此理，唯有以退教之，其"哂"子路正在情理之中。冉有为人谦退，胆小怕事，孔子往往给予鼓励和鞭策。他想把一个方圆五六十里的小国治理得国富民强的愿望得到了孔子的肯定。公西华致力于礼乐制度，想在宗庙祭祀、诸侯会盟等重大国事活动中演习周礼，确保周礼在制度层面上得以延续和传承，这是孔子念兹在兹的一贯思想。总体来看，他们三人的思考都停留在具体的和阶段性的人生和社会目标上，尚处于形而下的器的阶段。唯有曾皙登堂入室，与圣人之志同，受到孔子的嘉许。

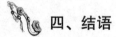 ## 四、结语

《论语》中两次记载孔子与弟子谈论志向，内容上互有补充，对照孔子"老者安之，朋友信之，少者怀之"的志向，我们可以发现在人生哲学和社会理想上曾皙的志向都与孔子高度一致。他们奉行"隐居以求其志，行义以达其道"的处世之道，追求大同世界的社会理想，而这正是孔子"吾与点也"的基础。由此看来，立足历史语境和文本语境，可以有效地避免过度阐释，彰显经典著作的厚重历史蕴含。

‖作品来源‖

发表于《时代文学（双月上半月）》2008 年第 8 期。

《论语》"无友不如己者"新解

井 超

　　古往今来，学者对《论语·学而》篇"无友不如己者"一句各自发挥，多有歧解，矛盾主要集中在以下几个问题："无友不如己者"为何意；"不如己"如何界定；"无友不如己者"是否为假命题。综合比较历代学者观点，朱熹对"无友不如己者"的解释较为合理，但应加以限定，可以这样理解：（孔夫子勉励自己的学生）不要和（道德）不如自己的人交往。

　　《论语》是中国儒家经典之一，素有"半部《论语》治天下"的美誉。近年来，随着传统儒学的复兴，《论语》也随之大热，我们从当年于丹讲《论语心得》时的盛景，也能感受到《论语》的魅力。我们都知道，儒家文化奠定了华夏民族的心理基础。尽管"西学东渐"、"五四"时期的"打倒孔家店"以及新中国成立后的"批孔"运动等对儒家文化造成了一定的冲击，但是几千年来的巨大历史惯性，使我们依然延续着儒家文化的血脉。比如，我们会发现一个很有意思的现象，即使是从来没有读过《论语》的人，也能无意识地说出其中的语句。由此可见，儒家文化在我们的民族意识里早已根系繁茂。

　　《论语》如此重要，所以古往今来为之注解的书不可胜数，万余言的一部《论语》被阐释得淋漓尽致。而注家所处时代不一，学术环境不同，自身背景有异，因而对《论语》的解释会有差异。我们从学者对《论语·学而》篇"无友不如己者"一句的解读中可窥一斑。

　　"无友不如己者"一句在《论语》中出现了两次，第一次是在《学而》

篇第8章："子曰：'君子不重，则不威。学则不固。主忠信。无友不如己者。过，则勿惮改。'"第二次出现在《子罕》篇第25章："子曰：'主忠信，毋友不如己者，过则勿惮改。'"按照宋代经学家朱熹的解释，《子罕》第25章是重复出现的语句。因此，注家的解释多集中在《学而》篇第8章。在对这句的解释上，古往今来，众说纷纭。笔者对此进行梳理，发现矛盾主要集中在以下几个关键问题上：

一、"无友不如己者"为何意

古今学者对"无友不如己者"的理解，可分为二：

其一是朱熹在《论语集注》中的解释："'无''毋'通，禁止辞也。友所以辅仁，不如己，则无益而有损。"①朱熹认为"无"和"毋"相通，是禁止的意思。朋友是帮助自己增加道德修养的，如果他不如自己，那么这样的朋友没有益处，只有损害。而程树德《论语集释》对此句的考证引用了三家观点：

《吕氏春秋》：周公旦曰："不如吾者吾不与处，累我者也。吾与齐者吾不与处，无益我者也。"

《中论》：不如己者，须己而植也。然则扶人不暇，将谁相我哉？吾之偾也，亦无日矣。

《韩诗外传》：南假子曰："夫高比所以广德也，下比所以狭行也。比于善者，自进之阶。比于恶者，自退之原也。"②

程氏所列的几条考证，《吕氏春秋》引周公旦的说法，认为和不如自己或与自己比肩的人交朋友，要么连累自己，要么对自己无益。《中论》认为，不如自己的人需要自己去扶持相助，但若整天忙于提携别人，那谁来帮助我呢？如果我这样，就很难取得进步。《韩诗外传》所引南假子的观点，说明了同比自己强的人比和比自己差的人比的区别。这三条都是说明应该

---

① ［宋］朱熹：《四书章句集注》，中华书局，2011年。
② 程树德：《论语集释》，中华书局，1990年。

和比自己强的人交朋友。以朱熹为代表的观点是古今注解的主流，绝大多数学者都持此等观点。

另一种解释则以现代学者李泽厚为代表，他在《论语今读》中把这句话译为："没有不如自己的朋友。"他在书中进一步解释道：

"无友不如己者"，作自己应看到朋友的长处解。即别人总有优于自己的地方，并非真正不去交结不如自己的朋友，或所交朋友都超过自己。如是后者，在现实上不可能，在逻辑上作为普遍原则，任何人将不可能有朋友。所以这只是一种劝勉之词。①

李氏认为应该基于现实的情况，把此句理解为所有朋友都有值得自己学习的地方，自己要看到朋友的长处。宋代大文学家苏轼所说"世之陋者，乐以不己若者为友，则自足而日损，故以此戒之。如必胜己而后友，则胜己者亦不与吾友矣"②近似于这种观点。现代学者南怀瑾也持与此相似的看法。

笔者认为，"无友不如己者"就是不要和不如自己的人交朋友的意思。很多学者要去为孔子"正名"，认为至圣先师教学生怎么能讲不要和不如自己的人交朋友呢？孔子不可能说出这样没有人情味的话来，所以妄以己意解经意。其实，我们不能以今天的社会环境和思维去理解古人，更没必要为孔圣人回护。《论语》是一部极富生活情趣的书，孔子的弟子及再传弟子在记录编纂的时候也没有刻意去为孔子隐讳，孔子对弟子发毒誓，乃至骂弟子的话语皆记录在册。比如《论语·雍也》载："子见南子，子路不说。夫子矢之曰：'予所否者，天厌之！天厌之！'"孔子见南子的目的我们已经很难考论清楚，但是从孔子被子路逼得发毒誓这点，我们能看到《论语》一书避讳色彩并不浓。实际上，我们换个角度来理解，这句话倒是长者对晚辈的殷切关怀之语。而读者理解了下一个矛盾集中点"'不如己'如何界定"之后，也自然会明白笔者所说的"换个角度"。

---

① 李泽厚：《论语今读》，安徽文艺出版社，1998年。
② ［元］陈天祥：《四书辨疑》，《四库全书》本。

二、"不如己"如何界定

古今学者除了对"无友不如己者"的解释不一外，对"不如己"的界定也不同。有的学者认为是笼统来讲的不如自己；有的学者认为是道德不如自己；有的学者则认为是才能不如自己。说法不一，似乎都有道理。但只有理解了何为"不如己"，才能对这句话有深刻的领会。

笔者认为，孔子所说的"不如己"，是道德不如自己。假如我们以自己为参照，把朋友按照德和才两种标准来分，那么会有四种情况：一是德才兼优；二是德劭才低；三是才高德薄；四是无德无才。德才兼优的人是我们的楷模，我们需要和这种人做朋友。而余下三种，我们自然要同德劭之人交朋友。为什么？我们可以从以下几个例子来理解：

孔子在《论语》中多次讲到交朋友，他说的最经典的话是："益者三友，损者三友。友直，友谅，友多闻，益矣。友便辟，友善柔，友便佞，损矣。"（《论语·季氏》）这段话的意思是："有益的朋友三种，有害的朋友三种。同正直的人交友，同信实的人交友，同见闻广博的人交友，便有益了。同谄媚奉承的人交友，同当面恭维背面毁谤的人交友，同夸夸其谈的人交友，便有害了。"[①]从孔子判断益友、损友的话中，我们可以看到，除了"多闻"，其余五点全与道德有关。特别是判断损友的标准，更无一不是从道德角度出发的。而且就本句所在章节来看，也是讲的道德。所以笔者认为，所谓"不如己"，是道德不如己，而非其他。

《论语·里仁》篇第 17 章也提到贤德的问题。"子曰：'见贤思齐焉，见不贤而内自省也。'"孔子认为，我们见到有贤能的人，就要向他看齐，见到不贤能的人，就要反省自身，看有没有同他类似的毛病。可见，孔子把贤德看成很高的学习标准。

《论语·颜渊》篇第 24 章说道："曾子曰：'君子以文会友，以友辅仁。'"曾子是孔子的学生，孔门十哲之一。他认为，君子用文章来同朋友相会，靠交朋友来帮助自己培养道德。这句话很好地从反面说明了"不如己"是

---

① 杨伯峻:《论语译注》，中华书局，2006 年。

道德不如己。

说到这里，我们从道德的角度再来解读整句话，就能看到孔子教育弟子的话语里所蕴含的人情味。父母都不希望自己的孩子跟"坏孩子"交往，会在日常生活中告诫自己的孩子，不要和"坏孩子"交朋友。这个"坏"就是指道德层面上的"坏"。古人讲"天、地、君、亲、师"，师生关系即如父子关系，我们可以从孔子对弟子的教育上看到他的人情味，看到他对弟子心灵上的关怀。

三、"无友不如己者"是否为假命题

喜欢逻辑推理的人，看到这句话，一定会像苏轼一样，进行以下推论："如必胜己而后友，则胜己者亦不与吾友矣。"①这个观点很有趣，值得玩味。试想，如果你一定要和道德超过自己的人交朋友，那么道德超过自己的人也要跟道德超过他的人交朋友，既然你的道德无法超过他，那怎么又能入其法眼呢？所以，如果你想跟超过自己的人交朋友，那就永远不会有朋友了。照此推论，"无友不如己者"显然是个假命题。朱熹在教授学生时，就遇到了学生拿苏轼的这个观点去问他，他为了绕开这个悖论，提出了自己的解释。《朱子语类》记载，学生问："必择胜己者为友，则胜己者必以我为不如己，而不吾友矣。"朱熹答道："但不可求不如己者，及其来也，又焉得而却之。我去求胜己者为友，则不如己者又来求我。"②也就是说，我不和不如自己的人交往，但不可拒绝来求和我交往的人。按朱子的说法，在"及其来也，又焉得而却之"的前提下，我们可以交到道德比自己好的朋友，但是也不得把道德不如自己的人拒之门外，最后的结果只能是好赖朋友一起交了，这种说法不免牵强。

封建时代的学者很多都爱"钻牛角尖"，有时候一句话能解释清楚的问题，他们却极喜长篇大论。往往挟"六经注我"之方法，乏切中肯綮的观点。

---

① ［元］陈天祥：《四书辨疑》，《四库全书》本。
② ［宋］黎靖德辑：《朱子语类》，明成化九年陈炜刻本。

实际上，"无友不如己者"不是假命题。无论是苏轼的推理还是朱子的解释都忽略了一个问题："无友不如己者"只是孔子的一个告诫。教者如是，听者当时紧绷一根弦，不断给自己要同有德的人交朋友的心理暗示，如此而已。如果都这么想，那么人人都会慕德向善，社会便会变得和谐。无需倒推，倒推，则失了教化的本心，而走入诡辩的窠臼了。

综上所述，笔者认为朱熹对"无友不如己者"的解释较为合理，但是应该加以限定，可以这样理解：（孔夫子勉励自己的学生）不要和（道德）不如自己的人交往。

‖作品来源‖

发表于《名作欣赏》2014 年第 9 期。

"有德者必有言"
——从《论语》看孔子的言语观

刘 蕾

导 读

　　早在两千多年前，孔子就已经充分意识到言语的功用与价值，虽然《论语》中并没有形成系统性的语言学观点，但书中却有相当多的篇幅论及"言语"问题。经由对《论语》的系统研究，我们足以看出孔子对于言语的重视态度，他以"言""语"作为阐释的媒介，由此实现传布儒家伦理道德和理想的崇高目标。

　　何谓《论语》？班固在《汉书·艺文志》中曾明确说过：

　　《论语》者，孔子应答弟子、时人及弟子相与言，而接闻于夫子之语也。

　　当时弟子各有所记，夫子既卒，门人相与辑而论纂，故谓之《论语》。

　　也就是说，《论语》所记载的都是有关孔子及其弟子的言行，也可以说是孔子"传道、授业、解惑"时的言语记录。尽管《论语》成于孔子弟子之手，而非孔子自己所著，所记孔子言语可能有记忆上的偏差，但它毕竟还是最大限度地真实反映了孔子的言行举止，集中体现了孔子的政治主张、伦理思想、道德观念和教育理念等。因此，后人要想清晰地了解孔子的思想、主张，就必须要从《论语》入手。同样，今天我们要想完整准确地探讨孔子的言语观，也必须经由对《论语》的系统研究。

　　《论语》中并没有形成系统性的语言学观点，但书中却有相当多的篇幅论及"言语"问题，有关"言""语""辞"及"言语"等关键词曾多次出现。据杨伯峻先生统计，单独一个"言"字就出现126次，单独一个"语"字则出现12次。而作为孔子学说核心内容的"仁"字出现了109次，"礼"

字出现 74 次。①从数字的对比，我们也足以看出孔子对言语问题的重视程度。那么，孔子何以如此重视"言""语"呢？其实，细细推究一下，就会明白个中因由。因为孔子在对"仁"进行阐释的过程中，必须以"言""语"作为阐释的媒介，由此实现传布儒家伦理道德和理想的崇高目标。

一、孔子把言语活动的修养同修身立德联系在一起

"仁"是孔子思想的核心，孔子在谈"仁"时往往将之与言语修养联系在一起。如颜渊、司马牛先后问"仁"于孔子，孔子在回答中都提及言语的修养问题。下面我们看看孔子是如何应答他的二位弟子的：

> 颜渊问仁。子曰："克己复礼为仁。一日克己复礼，天下归仁焉。为仁由己，而由人乎哉？"颜渊曰："请问其目。"子曰："非礼勿视，非礼勿听，非礼勿言，非礼勿动。"（《颜渊》）②

> 司马牛问仁。子曰："仁者，其言也讱。"（《颜渊》）

"克己复礼为仁"，这是孔子对"仁"的主要解释。而如何实现"仁"，孔子指出了通向"仁"的具体途径，这便是他对弟子颜渊所说的"四勿"论。在这"四勿"论中，其中对言语行为的要求就占了两点：不合于礼的不要听，不合于礼的不要说。这里，我们便可看出孔子对言语问题的重视程度。至于孔子对司马牛所说的"其言也讱"，同样也贯彻了他的这一主张，即认为"仁者"的言行必须慎重，"言由心出，心感其事之难，始言之若不易"。③

"德"也是儒家关于人的内在道德修养的一个重要概念。在孔子看来，作为立身、为政之要的"德"，其与人的修辞行为"言"，也有着互为表里的关系。如《宪问》篇有云：

> 有德者必有言，有言者不必有德。

仔细揣摩孔子的这句话，我们不难看出，他其实是在某种意义上把"有

---

① 参见程祥徽，《孔子的言语学》，见《修辞学论文集·第九集》，夏中华主编，北京大学出版社，2007 年。

② 以下凡引《论语》只注明篇名，"子曰"或"曰"一并从略。

③ 钱穆：《论语新解》，生活·读书·新知三联书店，2002 年。

言"作为了"有德"的不可缺少的条件，认为有德者亦应有志于立言。关于这一点，我们从宋人邢昺"德不可以无言"的疏语中也可以看出。

说到"仁"与"德"，我们就会想到《论语》中出现频率最高的词"君子"。"君子"在儒学系统中是个集大成的概念，指内在修养与外在行为等各方面都合乎儒学规范的典型人格代表。在《论语》中，孔子对"君子"的内在品质和外在行为都曾提出过许多具体要求。而在这些要求中，许多都与言语表达方式有关。如：

> 君子欲讷于言而敏于行。（《里仁》）

> 君子于其言，无所苟而已矣。（《子路》）

这里，我们可以清楚地看出，孔子是将修身与"修言"（注意言语表达方式）紧密联系在一起的，其对言语问题重视的程度由此可见。

除了修身与"修言"外，在孔子看来，一个人要想具备君子的标准，"德""言"之外还得有"知（智）"。而要判断一个人是否为"知（智）"，其中的一个标准就要看其外在语言表达形式如何。关于这一点，孔子曾经明确说明过：

> 可与言而不与之言，失人；不可与言而与之言，失言。知者不失人，亦不失言。（《卫灵公》）

其意是说，一个有智慧的人（或曰明智的人），说话是会看对象的，也会注意说话的时机的。这里也是强调言语问题的重要性。

不仅如此，在整部《论语》的最后一章，孔子甚至还提出这样的观点：

> 不知命，无以为君子也；不知礼，无以立也；不知言，无以知人也。（《尧曰》）

将"知言"与"知命""知礼"相提并论，同时置于人生至高无上的地位，其思想深处是如何重视言语问题的，可知矣。

二、孔子把言语行为与他的政治追求和治国方略联系在一起

孔子主张"学而优则仕"，因此对于弟子们从政，他是予以鼓励的，而

且经常给他们提供如何从政的意见。如《子路》篇便有一则记载：

> 子路曰："卫君待子而为政，子将奚先？"子曰："必也正名乎！"子路曰："有是哉，子之迂也！奚其正？"子曰："野哉，由也！君子于其所不知，盖阙如也。名不正，则言不顺，言不顺，则事不成，事不成，则礼乐不兴，礼乐不兴，则刑罚不中，刑罚不中，则民无所错手足。故君子名之必可言也，言之必可行也。君子于其言，无所苟而已矣。"

子路问如何帮卫君治理国政，孔子的回答则是"必也正名乎"。子路不以为然，于是孔子就有感而发，提出了上述"正名"论。认为"言顺"与否直接关乎"事成""礼乐兴""刑罚中"，关乎百姓的行为、活动；而以"正名"为起点，通过言语的正确表达（"言顺"）就可通向"事成"之道，最终达到理想的大同世界。也就是说，"言顺"在"事成""礼乐兴""刑罚中"这条链条上起着不可忽视的作用。孔子之所以有这种观点，很明显是基于这样一种认识：名分的正误正是体现在语言表述上。

关于言语与治国的关系，孔子还有另外一段著名的言论：

> 定公问："一言而可以兴邦，有诸？"孔子对曰："言不可以若是其几也。人之言曰：'为君难，为臣不易。'如知为君之难也，不几乎一言而兴邦乎？"曰："一言而丧邦，有诸？"孔子对曰："言不可以若是其几也。人之言曰：'予无乐乎为君，唯其言而莫予违也。'如其善而莫之违也，不亦善乎？如不善而莫之违也，不几乎一言而丧邦乎？"（《子路》）

在这段君臣对话中，对于鲁定公的提问，孔子实际上作了肯定性的回答，"一言兴邦""一言丧邦"。孔子认为言语的成功与失误，尤其是统治者的言语的好坏对社会国家的安危荣衰有不可忽视的影响。孔子借此劝告定公，作为在上位的统治者务须慎言，因为国君只要有一个念头、一句话不当，就有可能导致亡国丧天下的结局。这里，我们可以再次看出孔子对言语问题的重视。

三、孔子把言和行联系在一起

当代著名哲学家李泽厚先生认为:"言在儒门即是行动本身。"①的确,孔子从亲身经历中建立起一套"言行统一观",他认为语言在支配人的行为活动上有着重要意义。比如《卫灵公》篇中记载:

> 子贡问曰:"有一言而可以终身行之者乎?"子曰:"其恕乎!己所不欲,勿施于人。"

子贡向孔子请教:"有没有一句可以终身奉行的话?"孔子提出"己所不欲,勿施于人"的"恕"道。文史学家钱穆先生评点说:"仁之为道,非咄嗟可冀。只一恕字当下便可完成……推此心而仁道在其中。"②这里,孔子认为"恕"的精神可以指导一个人一生的修"仁"行为,由此我们可以推知,在孔子心目中言对行的指导作用之大。

子贡又曾问孔子怎样才能做一个君子,孔子回答说:

> 先行其言而后从之。(《为政》)

孔子认为,作为君子,应该先做后说。这其实也正是在强调言和行的统一关系。孔子一贯主张谨言慎行,不轻易允诺,不轻易表态,因为如果说了而做不到,就会失信于人,威信也会随之降低。所以孔子说:

> 古者言之不出,耻躬之不逮也。(《里仁》)

其意是说:"古时候贤者言语不轻易出口,就是怕自己的行动跟不上。"③孔子认为古人比今人讲信用,言行一致,说话算话就是"信",而古人之所以不轻易说话,更不说随心所欲的话,就是因为他们以不能兑现允诺而感到耻辱。

孔子不仅提倡言必信、行必果,而且还有自己的经验之谈:

> 始吾于人也,听其言而信其行。今吾于人也,听其言而观其行。于予与改是。(《公冶长》)

这段话很有名,起因是"宰予昼寝",孔子责备宰予说:"朽木不可雕也。"

---

① 李泽厚:《论语今读》,安徽文艺出版社,1998年。
② 钱穆:《论语新解》,生活·读书·新知三联书店。
③ 杨伯峻:《论语译注》,中华书局,2006年。

但令孔子真正气愤的，却是宰予言行不一。孔子说："最初，我看待他人，听到他的话，便相信他的行为；今天，我看待他人，听到他的话，却要考察他的行为。"①孔子是从宰予昼寝这件事才改变了以往的看法，不是听一个人说什么，而是要看他做什么。言必信，行必果——言行一致、诚实守信，这是孔子做人的原则。汉代文献记载："以容取人，失之子羽；以言取人，失之宰予。"我们从中正可印证孔子的言行观——判断一个人的正确方法，应该是听其言而观其行。

从以上所述，我们可以看到孔子既重视行，又高度重视言与行的关系，尤其是实践层面行对言的依从关系。

 四、孔子从人际交往、言辞对答等多个方面谈及言语

《季氏》篇中，孔子指出三种他认为是不得体的行为：

> 侍于君子有三愆：言未及之而言谓之躁，言及之而不言谓之隐，未见颜色而言谓之瞽。

孔子慎言，很讲究说话，所以他说一个人没轮到他说话，却先说，叫"躁"（急躁）；该说话了却不说，叫"隐"（隐瞒）；不看君子的脸色便贸然开口，叫"瞽"（瞎眼）。这是从人际交往的角度论及言语行为。

又如《雍也》篇中，孔子说：

> 中人以上，可以语上也；中人以下，不可以语上也。

张居正讲评此句时说："言者适当其可，而听者不苦其难。"②这里孔子虽然谈论的是因材施教，但我们从中却也可以总结出一定的言语技巧，即面对什么样的人，就要说什么样的话。

在《子路》篇中，孔子发表感慨：

> 诵诗三百，授之以政，不达；使于四方，不能专对。虽多，亦奚以为？

古代的使节"受命不受辞"，也就是只接受使命，至于如何去交涉应对，

① 杨伯峻：《论语译注》，中华书局，2006年。
② ［明］张居正：《论语别裁》，陕西师范大学出版社，2007年。

就只能随机应变，独立行事。所以孔子说："叫他出使外国，又不能独立地去谈判酬酢，纵是熟读《诗经》三百篇，又有什么用处呢？"此处涉及如何灵活使用语言的问题。

综上所述，我们足以看出孔子对于言语的重视态度。早在两千多年前，他就已经充分意识到言语的功用与价值，将言语能力的培养与"德行""政事""文学"并提了。

‖作品来源‖

发表于《名作欣赏》2010年第8期。

孔子的精神追求
——《论语·季氏将伐颛臾》新读

王向晖

> ## 导　读
>
> 　　司马迁在《史记·孔子世家》中赞美孔子："《诗》有之，'高山仰止，景行行止'，虽不能至，然心向往之。"孔子以其深邃的思想、睿智的言行、高尚的人格为世代学习、仰慕。高中语文教材选了《论语·季氏将伐颛臾》一文，文中提出了著名的"不患寡而患不均，不患贫而患不安"的治国见解。

　　司马迁在《史记·孔子世家》中赞美孔子："《诗》有之，'高山仰止，景行行止'，虽不能至，然心向往之。"孔子以其深邃的思想、睿智的言行、高尚的人格为世代学习、仰慕。高中语文教材选了《论语·季氏将伐颛臾》一文，文中提出了著名的"不患寡而患不均，不患贫而患不安"的治国见解。过去我们理解这句话时，可能会较多地使用阶级分析的视角，比如我们常常会告诉学生：孔子站在奴隶主阶级的保守立场上，企图用分配的平均主义缓解尖锐的阶级矛盾，从而达到维护统治阶级秩序的目的。现在看来，这样的思想方法有简单化、片面化之嫌。上述方法可以作为分析问题的一个角度，而这篇文章有着丰富的精神内涵，从单一的角度很难做到全面客观；而且，这篇文章是《论语》中的名篇，通过教学，对于高中生了解孔子具有十分重要的意义。本文试从孔子的治国思想和人格追求两方面展现孔子的精神追求。

一、孔子的治国思想

孔子的祖先是殷商贵族，父亲曾做过陬地的地方长官，可到他已是一介平民了。在治国问题上，可以说只有理论探讨而无实施机会。他一生周游过许多国家，希望得到机会，把治国理想变为现实，但终不为所用。孔子的治国理想是以"仁"为核心的理论体系中的一部分，就课文内容而言，涉及分配均衡和修治文德两个方面。

（一）分配均衡

正如前文所言，孔子在课文中提出了"不患寡而患不均，不患贫而患不安"的治国见解。这里的"寡"和"贫"似应互易，"贫"指百姓财用缺乏；"寡"指人口因逃亡而稀少。此言不怕百姓财用不足，而怕财产过分集中而贫富悬殊；不怕人口稀少，而怕上下不能相安。因而，"均"是"安"的基础，"不均"是"不安"的隐患。这里的"均"，并非"平均"之意，康有为《论语注》云："均，各得其分"，我理解为按照不同的等级和身份进行不同的分配。孔子是等级制度的创造者和支持者，这种等级制度与他维护的社会秩序和人伦思想一致。从这个意义上分析"不患寡而患不均，不患贫而患不安"的治国见解，它的意义在于要求统治者必须给人民以起码的生存基础，让人们有饭吃，有衣穿。这个观点在阶级压迫残酷的奴隶社会，对于被压迫者无疑是积极的。这也是孔子德民①、养民②思想的具体体现。孔子重视人的价值与作用，把人当人看待。他倡导的"仁"学，"仁"的主要含义是"爱人"③，是"泛爱众"④。所以统治者应当"节用而爱人，使民以时"⑤，百姓与统治者之间的利益关系是"百姓足，君孰与不足，百姓不足，君孰与足"⑥。据《左传》记载，他主张对百姓"宽猛相济"⑦，所谓"猛"，即是严刑酷法。

---

① 《论语·为政》："为政以德，譬如北辰，居其所而众星共之。"
② 《论语·公冶长》孔子说自己的志向是"老者安之，朋友信之，少者怀之"。
③⑥ 《论语·颜渊》。
④⑤ 《论语·学而》。
⑦ 《左传》昭公二十年载，子产病危，曾对其子说："我死，子必为政。"告诉他为政当以"宽猛相济"。孔子得知后称赞说："善哉！政宽则民慢，慢则纠之以猛；猛则民残，残则施之以宽。宽以济猛，猛以济宽，政是以和。"

"宽猛相济"，亦可谓德法互补、礼刑结合。他反对"苛政猛于虎"①，这种以"仁"为中心的治国思想，孟子后来逐渐发展为"仁政""民本"思想，成为我国古代民主思想的渊源。

孔子"不患寡而患不均，不患贫而患不安"的治国见解在农耕水平低下的社会形态中也许是合理的，但现在看来也有滞后的一面。首先维护了统治秩序的稳定，使剥削变得合理合法；其次，不可避免地助长了阻碍社会生产力发展的惰性力量，限制了先进生产力和自然科学的进步；再次，促生了人们安贫乐道、淡泊不争的人文观念。儒家代表人物在对待物质利益上安贫乐道、俭略不争，甚至耻谈私利、贬低财物的态度，对于人格的健全具有消极影响。

（二）修治文德

文章中说"故远人不服，修文德以来之"。意为如果远方的人们不归服，便修治仁义礼乐招服他们。分配均衡是国家安定的经济基础，而修治文德则是治国的高级境界。百姓有了基本的物质生活保障，然后就用教化陶冶他们的思想，实现精神的归服。孔子十分重视教化在治国中的作用，孔子的教化主张是以提升人的道德修养为依托的。人的道德修养的提高必须经过三个阶段："兴于诗，立于礼，成于乐"②，修养不光是个人的事，而且要在与周围人的关系中逐步确立。孔子学生有子曰："其为人也孝弟，而好犯上者，鲜矣；不好犯上，而好作乱者，未之有也。君子务本，本立而道生。孝弟也者，其为仁之本与！"③一个人能处理好和家人的关系，也就能处理好和国家的关系，有了这样的修养，百姓就不会犯上作乱，也就实现了国家的安定。同时，孔子希望统治者得民心、顺民意，"兴灭国，继绝世，举逸民，天下之民归心矣"。④最不得民心的事情就是为了统治者的贪欲而发动战争。战争是物质利益再分配的极端措施，它能够摧毁现有的等级制度，

① 《礼记·檀弓》。
② 《论语·泰伯》。
③ 《论语·学而》。
④ 《论语·尧曰》。

使社会秩序大乱，众多生灵涂炭。孔子厌恶战争的态度从他对季氏因为贪欲而准备发动对臣属小国颛臾的战争这件事情上清楚地表现出来。他的学生冉有和季路皆为季氏家臣，非但不制止，反而做帮凶，受到老师的批评。

二、孔子的人格追求

这是文章中很重要的内容，但是常常为人所忽略或者为前一内容所冲淡。孔子的人格追求也是他"仁"学体系中的一部分。孔子认为，人之所以为人，是因为人具有"仁"的本性。"仁者，人也"[①]，孔子所说的人格，就是作为仁者的道德准则。在《论语》中，"君子"和"小人"是一对对立的概念，"君子"人格高尚，"小人"人格低下。孔子把许多仁德品质集中于"君子"身上，"君子"所负载的道德品质，代表了孔子的人格追求。文章中孔子批评冉有和季路的为臣之道，并对冉有"舍曰欲之而必为之辞"的人格缺失给予教训。

（一）为臣之道

孔子主张臣子应该在安邦治国中发挥作用，在这个过程中实现个人的社会价值，形成高尚人格。处理好与国君和人民的关系，是作为臣子的首要问题。孔子理想的为臣之道在于"忠"。"君使臣以礼，臣事君以忠"[②]，"忠"就是要对国家与人民具有强烈的责任感。孔子认为臣子应该协助国君以德治国，保护人民的利益，做不到就应该辞职。孔子自己就是这样做的。"卫孔文子将攻太叔，问策于仲尼，仲尼辞不知，退而命载而行，曰：'鸟能择木，木岂能择鸟乎？'文子固止。"[③]他还赞扬管仲为社会和百姓做出长久的贡献，"管仲相桓公，霸诸侯，一匡天下，民到于今受其赐"[④]。在他看来，衡量一个臣子人格的高下，要看他的社会作用发挥得如何，管仲停止了战

---

① 《礼记·中庸》。
② 《论语·八佾》。
③ 《史记·孔子世家》。
④ 《论语·宪问》。

争，保全人们的生命，尽管他私德上有些缺陷，仍不失为一个好臣子。文章中孔子批评冉有和季路"危而不持，颠而不扶"，甚至为虎作伥、助纣为虐。并以虎兕出柙、龟玉毁椟作喻，表明他们难辞其咎。孔子提倡的"忠"与后代的愚忠不同，为人臣者做任何事情都要问明原因或者讲出道理，而不是盲从。这些看法有着原始民主和人道主义的遗风。

（二）道德教训

孔子的人格追求中，道德的内容非常重要。他对自己要求很高，对弟子也时刻不忘道德教训。文章中冉有面对老师的责备不断找理由为自己开脱，在老师的几次逼问后，他终于说出了讨伐理由："今夫颛臾，固而近于费。今不取，后世必为子孙忧。"孔子批评他"舍曰欲之而必为之辞"。人格高尚的人，应该表里如一，光明磊落，不应口是心非，明明想做坏事，却要编造一个美妙的借口。一个人犯错误在所难免，知错就改就可以了。"君子之过也，如日月之食焉，过也，人皆见之，更也，人皆仰之。"①冉有这样说，道德的等级就降低了，由"君子"降为"小人"，"小人之过必也文。"②所以一向温文尔雅的孔子态度激烈起来，用了四个反问句表现他的激愤和不满。他还三次对冉有直呼其名，这在古代是不客气的称呼方式。在学生犯了有违道德的原则错误时，老师的态度是非常严厉的。最后他谆谆告诫学生讨伐颛臾可能引起的严重后果——祸起萧墙，表现了一个思想家、教育家的认识水平和道德风范。

以上内容是对文章中所涉及孔子的治国思想和人格追求观点的粗浅看法，窃以为通过对这篇文章的重新阅读，可以较为真切客观地理解孔子的精神追求，在一个较高的层面上领略这位万世师表的神采和风貌。

‖ **作品来源** ‖

发表于《名作欣赏》2004年第4期。

---

①② 《论语·子张》。

论《论语》以对话塑造人物——以子贡、子路为例

张 宁

导 读

《论语》中孔门弟子,所占篇幅最多的为子贡和子路二人。《论语》在对话中展现这两个弟子的特点,也在对比中让各自的特点更加鲜明。二人的出场方式不同,受到夫子的褒贬不同,对夫子维护的方式也不同,正是在这些不同中二人的性格得以展现。

《论语》以记言为主,以夫子为中心人物,三言两语的对话综合起来便展现出了以子贡、子路为代表的弟子群像,阅读这些对话,能够明确地感受到弟子们绝不相类的性格特征。《论语》中子贡、子路二人所占条目最多,形象也最为鲜明,我们就以他们两个为论述的中心,来赏析夫子批评学生时所体现出的语言艺术和弟子们维护夫子形象时所展现出的性格特征。

 ## 一、从夫子批评学生时的轻重不同看子贡的性格特点

夫子在批评其从学者的时候言语态度有较大的差别,这种差别是夫子与其弟子谈话艺术的展现。如夫子看到宰予昼寝的时候说了这样一番话:"朽木不可雕也,粪土之墙不可杇也,于予与何诛?"(《公冶长》)钱穆认为"宰我预于孔门之四科,与子贡齐称,亦孔门高第弟子。此章孔子责之已甚,甚为可疑。"[1]

宰予"亦孔门高第弟子",但夫子对宰予和子贡批评时所用的语气和感

---

[1] 钱穆:《论语新解》,生活·读书·新知三联书店,2002 年。

情激烈的程度是完全不同的。夫子对子贡直接进行批评主要因为两件事情："子贡欲去告朔之饩羊"（《八佾》）和"子贡方人"（《宪问》），第一件事情是违背礼制的，第二件事情是夫子所不提倡的，无论是哪一件事情，都比宰予"昼寝"的错误更严重，可是夫子只是说"赐也，尔爱其羊，我爱其礼"和"赐也贤乎哉？夫我则不暇"。为什么夫子对子贡的批评只是点到为止？

通观《论语》全书，与夫子对话最多的人是子贡，能够对夫子的话举一反三的也是子贡。尤为重要的是，子贡极少以一种莽撞直接的方式来表达观点或者提出问题，如：

> 冉有曰："夫子为卫君乎？"子贡曰："诺；吾将问之。"入，曰："伯夷、叔齐何人也？"曰："古之贤人也。"曰："怨乎？"曰："求仁而得仁，又何怨。"出，曰："夫子不为也。"（《述而》）

子贡没有直接向夫子发问，而是用了一种迂回的方式，子贡之问自始至终没有出现"卫君"二字，夫子之答表面上看起来也只是对伯夷、叔齐二人的评价，但细细读来，似乎可以想象到夫子在子贡出去之后脸上浮现出的意味深长的笑意，这是一种语言的艺术，更是这一对师徒间所独有的默契。整则对话除了"入"和"出"两个动词以外，没有具体的神态描写，但是子贡的机智聪慧却显露无遗。

《论语》中与子贡有关的条目之多，描写之具体，所占篇幅之大，是除了子路、颜回之外的其他弟子无法比拟的，子贡在一出场就与其他弟子截然不同：

> 子禽问于子贡曰："夫子至于是邦也，必闻其政，求之与？抑与之与？"子贡曰："夫子温、良、恭、俭、让以得之。夫子之求之也，其诸异乎人之求之与？"（《学而》）

这是《论语》中出现的第一处对话，是以子贡为中心人物来进行的，子禽的问话不可谓不刁钻，子贡的回答却更翻出一番境界。一开始，子贡就以一个善于言辞的形象出现，用自己的智慧和学识维护着夫子的形象。《论语·学而》中出现的第二处对话依然是与子贡有关，是子贡向夫子求学的场景，这已经不是简单的一问一答式的对话，而是由子贡的发问、夫子的启发、子贡的感想、夫子的赞赏四部分组成，这种寻根究底式的学习在孔门弟子中都有所体现，但以子贡最为突出。通观《论语》全书，与夫子对话的所有学生中，能够真正做到"举一反三"的唯有子贡，通过言语来展现性格特点的也以子贡最为突出。《学而》篇共十六章，对话只有两章，两章都与子贡有关，可见其聪慧能言和善于学习。

二、从夫子对子路的评价看子路的性格特征

子路言行在《论语》中出现过41次，孟子曾称赞他有闻过则喜的态度，把他与禹、舜相提并论。夫子对他的评价从表面上看起来多否定，如"由也好勇过我，无所取材"（《公冶长》）；"行行如也"（《先进》）；"由也兼人"（《先进》）；"野哉由也"（《子路》）；"是故恶夫佞者"（《先进》）；"行行"是刚强的样子，在孔子看来，子路无论是神态还是性格最大的特点都是勇猛。《侍坐》篇中子路对于老师提出的问题"率尔而对"，是子路勇于表达自己观点的一个生动写照。

与子贡在《学而》中两次以对话的形式出现，子路的出场就显得不够精彩，《为政》中子路的名字才第一次出现，而且只是一个没有任何个性的聆听夫子教诲的弟子的形象，"由！诲女知之乎？知之为知之，不知为不知，是知也"。子路在《论语》中第三次和第五次都是在别人与夫子的对话中出现，但是他人对子路能力的询问从侧面说明了子路在当时的声望，夫子对子路的评价"由也，千乘之国，可使治其赋也"，"由也果，于从政乎何有"，指出了子路性情果决且具有军事和政治才能。《公冶长》篇"子路有闻，未之能行，唯恐有闻"很好地概括了子路长于行动的性格特点。

孔子认为子路"千乘之国，可使治其赋"，不仅是对子路军事才能的认可，更是对其勇敢的赞赏。从《论语》的文本来看，孔子多次针对子路好勇的弱点进行教育：

子路曰："子行三军，则谁与？"子曰："暴虎冯河，死而无悔者，吾

不与也。必也临事而惧，好谋而成者也。"（《述而》）

子路问："闻斯行诸？"子曰："有父兄在，如之何其闻斯行之？"……子曰："……由也兼人，故退之。"（《先进》）

以上几则，或显或隐地总能看出子路勇猛又带些鲁莽、急躁的性格特点，及孔子对他这种性格的有意矫正。

三、通过对夫子的维护比较子路、子贡性格特点

《论语》中，只有子路屡次表露对夫子的不满情绪，如"子见南子，子路不说"（《雍也》），"公山弗扰以费畔，召，子欲往。子路不说"（《阳货》）。这两次"子路不说"在具体事件上不同，前者以夫子对天发誓结束，后者以夫子最终未去为结果，这两件事情都是于礼不合的，但是夫子弟子众多，未必只有子路一人觉得不妥，最终却只有子路以一种直接莽撞的方式表现出来，这是子路对夫子的维护，其坚决程度是任何弟子都不可比拟的。

类似的还有"在陈绝粮，从者病，莫能兴。子路愠见"（《卫灵公》）。《史记》记载，从夫子于陈的弟子除了子路之外至少还有子贡和颜回，但是首先问出"君子亦有穷乎"的是子路，并且是以一种几乎不顾及夫子感受的方式提出的，这看似突兀而无礼的问题，恰恰也是子路对夫子之道维护的表现。正如程树德《论语集释》中所言："子路衣敝不耻，浮海喜从，岂以绝粮而愠见哉？盖疑君子之道四达不悖，而穷塞若此，岂亦在我者有未尽乎，正与'不说'南子之见，公山弗扰之往相类。"[1]当子路认为夫子的言行有不正确的地方，总是直率地提出批评和反驳。子路与孔子的关系不仅仅是学生，更像是诤友。

子路对夫子的支持是不遗余力的，夫子"堕三都"，子路身先士卒；夫子生病，子路关切焦虑；夫子周游列国被困绝粮，子路始终追随。夫子自己就说，自从有了子路，"恶言不闻于耳"。这是子路式的爱戴，是以一种直接而又鲁莽的方式来表达的尊敬，却是一种让人凛然不敢侵犯的境界。

---

① 程树德：《论语集释》，中华书局，1990 年。

子路对夫子一次次的指责和维护无不体现出他那热忱直率的个性。

子贡对夫子的推崇和维护在《论语》中随处可见："夫子之文章，可得而闻也；夫子之言性与天道，不可得而闻也"（《公冶长》）。"固天纵之将圣，又多能也"（《子罕》）。方宗诚在《论文章本原》中谈道："以子贡赞孔子四章作收，文境亦如江河之朝宗于海，浑茫无际，而诸贤于孔子没后思孔子之深情亦如揭。"[①]这是学生对老师知识和人格的尊敬，是子贡式的尊敬，是一种可以用美丽的言辞表达出来的尊敬。

叔孙武叔作为鲁国大夫，对夫子的才能不可能不了解，却屡次诋毁夫子，甚至当着子贡的面来说。子贡反驳之词不可谓不美，态度不可谓不坚决：

> 譬之宫墙，赐之墙也及肩，窥见室家之好。夫子之墙数仞，不得其门而入，不见宗庙之美，百官之富。得其门者或寡矣。夫子之云，不亦宜乎！（《子张》）

> 无以为也，仲尼不可毁也。他人之贤者，丘陵也，犹可逾也；仲尼，日月也，无得而逾焉。人虽欲自绝，其何伤于日月乎？多见其不知量也！（《子张》）

子贡用极富美感的方式说出了自己和他人与夫子的差距，让人不禁对夫子心生向往。但我们不禁想问：若是被夫子称为"恶言不闻于耳"的子路呢？若当着子路的面叔孙武叔是否敢"毁仲尼"，若子路坚决表达了对夫子的维护之情后，叔孙武叔是否会一而再再而三地"毁仲尼"？无论是面对子贡还是子路，我们都是满怀敬意走进他们的时代，这些只言片语之中表现出的不同的性格特点让人回味无穷。我们欣赏子贡的能言善辩，但更喜爱子路的淳朴刚正，同样是夫子喜爱的学生，却呈现出完全不同的性格特征。

《论语》以记言为主，但其不经意间塑造的人物形象却是鲜明的。我们把这些材料以一定的方式重新排列后，便会看到夫子所生活的那个时代，看到一群好学上进而又性格迥异的弟子：安贫乐道的颜回、善于言

---

① ［清］方宗诚：《论文章本原》，光绪四年刊本。

辞的子贡、鲁莽刚毅的子路、昼寝的宰予、机敏的子游，甚至是帮助季氏敛聚的冉有。通过三言两语的对话展现人物的性格特征，正是《论语》描写人物的独到之处。

‖ **作品来源** ‖

发表于《名作欣赏》2013 年第 12 期。

论《论语》中"仁"的内涵及其当代价值意义

张 怡

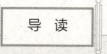

作为儒家学派经典著作之一，《论语》凝结了孔子深邃而富于洞见的思想观点：何为"仁"，何为"礼"，何为"忠恕"，何为"中庸"等。北宋赵普叹曰："半部《论语》治天下。"足见其对后世之影响。纵观全书，作为孔子核心思想之一的"仁"贯穿其整个理论体系。"仁"有何内涵？在当代有何价值意义？本文将围绕以上问题进行论述。

　　《论语》作为孔子毕生思想与智慧的精华，其中"仁"这一核心思想，在全书共出现109次。冯友兰先生指出"仁"的伦理学及哲学含义："作为四德之一的仁，是一种道德范畴伦理概念，对于它的讨论，是伦理学范围之内的事。作为全德之名的仁，是人生的一种精神境界，对于它的讨论，是哲学范围之内的事。"杨伯峻先生将其概括为三类：孔子的道德标准、仁人，以及同"人"。那么，"仁"具体有何内涵？

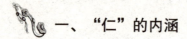

一、"仁"的内涵

（一）仁孝之道

　　有子曰："其为人也孝弟，而好犯上者，鲜矣；不好犯上，而好作乱者，未之有也。君子务本，本立而道生。孝弟也者，其为仁之本与！"（《论语·学而》）孝顺父母，敬爱兄长，这是仁的根本所在；能身体力行的人，自然不会以下犯上，更不会作乱造反。孝敬父母，仅仅做到"能养"远远不够，还应不使父母为子女的疾病发愁，子女在父母面前要经常有愉悦的容色；如果父母有不对的地方，应温和地劝止；看到自己的规劝未被听从，仍然恭敬地不触犯他们。此外，侍奉父母，应做到"无违"，即不能违反基本礼节：父母在世，必须依照礼节精心赡养；父母过世，也必然以规定礼节埋葬、祭祀他们。因此，仁孝之道也被视为封建时代维持当时社会制度与秩序的一种最基本的道德力量。

（二）立身之则

子曰："……夫仁者，己欲立而立人，己欲达而达人。能近取譬，可谓仁之方也已"（《论语·雍也》）。"仁"是自己要站得住，也使别人站得住；自己要事事行得通，同时也使别人事事行得通。能就眼下之事一步步去实践，且心存他人，这便是从自身角度出发，以积极的方式实现仁德。同时，子曰："……己所不欲，勿施于人……"（《论语·颜渊》《论语·卫灵公》）这是从他人立场出发，从消极的角度实现仁德。虽然在阶级社会的前提下未必每个人都有条件实行以上两点，但孔子却认为这是值得终生奉行的做法。

子曰："克己复礼为仁……"（《论语·颜渊》）实践仁德全凭自身努力，使言语行动都合于礼，切实做到"非礼勿视，非礼勿听，非礼勿言，非礼勿动"；做到"先行其言而后从之"，先实行要说的话，然后再说出来；做到"先难而后获"，付出之后收获成果；必要时，甚至"杀身以成仁"来完成有益于大众的事。只有这样，才能被称为"仁"。

（三）察人之方

子曰："巧言令色，鲜矣仁！"（《论语·学而》《论语·阳货》）为人花言巧语，面貌伪善，仅仅"色取仁而行违"，这样的人，自然不会有仁德。假若个人"居处恭，执事敬，与人忠"（《论语·子路》），平日里容貌态度端正庄严，工作时谨慎认真，与人交往真心诚意，并且"刚、毅、木、讷"（《论语·子路》），刚强、果断、质朴、言语不轻易出口，这样的人才会接近仁德。

（四）为政治国

子曰："恭而无礼则劳，慎而无礼则葸，勇而无礼则乱，直而无礼则绞。君子笃于亲，则民兴于仁；故旧不遗，则民不偷"（《论语·泰伯》）。在上位的人能用深厚感情对待其宗族，老百姓便会走上仁德；在上位的人不遗弃其老友、旧识，老百姓自然不会对人冷漠、无情。在孔子看来，道德与政治相互交融，这里的"仁"，是身处上位之人对有亲缘关系的宗族、对百姓的大爱。樊迟问仁。子曰："爱人"（《论语·颜渊》）。有仁德的人必然关爱大众，才能设身处地为他人着想，"'尊五美，屏四恶''君使臣以礼''使民以时'"，才能以"仁"治国。

除以上四点之外，孔子弟子也提出"以友辅仁"的观点，聪明的人以文章、学问来结识朋友的同时，也应"择其善者而从之，其不善者而改之"，在朋友的帮助下，"博学而笃志，切问而近思"，最后方可"欲仁，斯仁至矣"。

二、"仁"的当代价值意义

孔子思想自产生之日起就备受关注，其追求自我提升的道德观、富有伦理色彩的政治观及价值观，不断成为中国封建时代官方的统治思想。其理性的世界观、和谐的人际观，又与现代社会观念的方方面面不谋而合。诺贝尔物理学获奖者汉内斯·阿尔文博士曾说过："人类如果要在 21 世纪生存下去，必须回到 2540 年前去吸取孔子的智慧！"可见，孔子思想体系在当今社会仍然发挥着正面与积极的影响，其"仁"的观点更是拥有广泛而深刻的价值意义。

（一）治国安邦的法则

首先，治国的根本在于施行最基本的伦理观念，即人人履行"君君，臣臣，父父，子子"的职责。这一观念不仅适用于漫长的封建社会时期，在今天也同样需要每个人在其位，且各尽其职。否则，社会将混乱不堪。

其次，在位者应以身作则，重视才识与仁德之间相辅相成的关系。孔子曰："知及之，仁不能守之；虽得之，必失之。知及之，仁能守之。不庄以莅之，则民不敬。知及之，仁能守之，庄以莅之，动之不以礼，未善也"（《论语·卫灵公》）。治理国家的要求是综合的、多方面的：在位者依靠自身聪明才智的同时，应时刻提醒自己以仁德治理百姓、以严肃的态度对待百姓、以礼义之道教化百姓，以此实现上行而下达，真正做到以仁治国。

再次，治国应遵循的基本原则是爱护人民，处理好执政者与人民之间的关系，切实做到为人民服务。"道千乘之国，敬事而信，节用而爱人，使民以时"说的正是这个道理。

（二）为人处世的标准

1. 为人子女，孝字当先

"孝弟也者，其为仁之本与！"父母含辛茹苦哺育子女，兄长尽己所能爱护后辈，孝敬父母，尊敬兄长，是为人、为仁的根本。

2. 重视生命，尊重他人

孔子说"仁"就是"爱人"。中国古代奴隶社会有以奴隶殉葬奴隶主的习气。后随社会生产力的发展，奴隶的利用价值提高，奴隶主便以木偶、土偶等替代活人祭祀。即使如此，孔子也做出"始作俑者，其无后乎"的谴责。"厩焚。子退朝，曰：伤人乎？不问马。"孔子的仁德包含着重视人民生命的内涵，而且不分阶层与出身。

3. 谦逊乐观，执着付出

子曰："知者乐水，仁者乐山。知者动，仁者静。知者乐，仁者寿"（《论语·雍也》）。可见仁人志士更多倾向于谦虚低调做人。"静"的前提之一便是清心寡欲，而时人更多是与人攀比，欲壑难平。相比都市生活的利欲熏心，倒是乡村生活多了几分恬静自然。不为追求富足而迷失自我，在平凡的生活中保持自我内心的平静与满足，知足常乐。孔子的安贫乐道，现在看来不合时宜，甚至可笑，却包含了大智慧。子曰："知者不惑，仁者不忧，勇者不惧"（《论语·子罕》《论语·宪问》）。庸人才会自扰。

4．交往处世，诚信为本

曾子提出"以友辅仁"的观点，孔子也认为"居是邦也，士其大夫之贤者，友其士之仁者"（《论语·卫灵公》）。身处一国，就要敬奉官员中的贤人，结识其中的仁人志士，学习他们的优点以提高自身修养，从而接近"仁"。交友也应有选择，"益者三友"，同正直、信实、见多识广的人交往，才真正有益于己。"损者三友"，那些夸夸其谈、谄媚奉承、当面恭维背后毁谤的损友必然导致自身误入歧途。"朋友切切"，朋友之间，唯有相互肯定优点，批评指出不足，才能共同进步。人生不同时期会遭遇各种艰难困惑，此时应多与友人相互劝解与分析，达到共同进步。

诚信在中国数千年的历史长河之中都被视为最重要的道德之一。而今，诚信却遭到重创，食品、用品，甚至药品造假屡见不鲜，受害者涉及老、弱、病、残，甚至嗷嗷待哺的婴幼儿也受到牵连，信息、财产欺诈案件更屡禁不止，如何中和义与利的对立亟待思考。

三、结语

孔子思想自产生至今两千多年，期间浮浮沉沉：从"罢黜百家，独尊儒术"，到由于各种社会、政治原因被数度视为糟粕而抛弃，时至今日孔子学院在世界范围的兴起及将"己所不欲，勿施于人"作为全球伦理金律的提出，无不说明其深刻广博以及在不同国家所达成的思想共识。作为中华民族优秀典籍之一，《论语》中居于重要地位的"仁"内涵丰富，有外在如何达到"仁"的方式，也有内在如何提升"仁"的境界，上至仁治的社会治理模式，下达人格的培养与实践，在今天仍然广具价值。时人应由点及面整体把握"仁"的思想体系，在客观认识的基础上理性继承并发掘更多内涵，以此丰富中华民族优秀传统文化，形成真正的文化可持续发展。

作品来源

发表于《名作欣赏》2012年第2期。

孔子在《论语》中对《诗经》的引用及其价值

王雯雯

导　读

作为中国传统文献的整理者和传播者，孔子为了启发学生，经常会以《左传》《尚书》《诗经》中的话来作为"引子"，以达举一隅能以三隅反的目的，整部《论语》直接或间接引用《诗》达十几处。《毛诗序》："诗者，志之所之也，在心为志，发言为诗。"虽然孔子及其弟子未曾亲自作过诗，但是，"我思古人，实获我心"，透过孔子及其弟子所引的诗句，我们得窥孔门学问之一豹。

一、求道不倦，修己成人

在《学而》篇，子贡向老师请教："（一个人能）贫而无谄，富而无骄，则何如？"按照子贡的理解，穷人能无谄于富人、自足于己，富人能不自恃其财、与人平等相交就应该算是达到了孔门的修己之道了。可是，老师却认为此犹不足，只算小成而非大成。"未若贫而乐，富而好礼"，所谓"贫而乐"即是"安贫乐道"，一个人安贫不易，乐道更难。贫属"命"，"回也其庶乎，屡空，赐不受命，而货殖焉，亿则屡中"，穷通富贵均非人力所能左右。"道"之兴废亦在"命"，所谓"道之将行也与，命也，道之将废也与，命也"，因为"命"属"天"，知天命何其之难，因此孔门教导弟子重在修己正身。耽溺于未知之域非孔门学风，与其寄希望于不可知，莫如叩问于当下。孔门教人修己成人之学，即忠于己、恕于人，所谓"安贫"与"乐道"即是"贫而无谄"的升级版。正如《吕氏春秋》所说："古之得道者，穷亦乐，达亦乐。所乐非穷达也，道得于此，则穷达一也，如寒暑风雨之节也。"《毛传》："治骨曰切，象曰磋，玉曰琢，石曰磨。"指针对不同材质的器物使用不同的方式进行精加工。拓展到道德修养上，就是要求君子应该日有所进："如切如磋，道学也。如琢如磨，自修也。"子贡引诗于此，其实是在与老师探讨修己成人之途中的"灵犀一念"。如果说"衣敝缊袍，与衣狐貉者立，而不耻者"的子路是贫而无谄的代表，那么作为富人的子贡就是富而不骄的代表，二人实则均已登孔门之堂，却未如颜回虽居陋巷仍能不改其乐之可贵，也不如孔子虽"饭疏食，饮水，曲肱而枕之"，但"乐亦在其中矣"的修己之境。正因如此，周敦颐才在教程氏兄弟时让二人："寻颜子、仲尼乐处，所乐何事？"

除了安贫乐道，"富而好礼"也是"富而不骄"的升级版。朱熹云："好礼则安处善，乐循理，亦不自知其富矣！"一个人富而不骄是一种自我节制，还属于有意识的修身，而到了"富而好礼"则已然把"富"字脱落，和人相交，进退容止均有度，是修身到了一定境界。故而和其交往自然会予人"若饮醇醪，不觉自醉"之感。而子贡也因其能引诗与老师相答，更是获得老师"告诸往而知来者"的称赞，朱熹认为是："孔子许其所已能，而勉其所未至也。"而无论是安贫乐道者还是富而不骄者，要想不为境所困，均需有仁心，无仁心则"不可以久处约，不可以长处乐"。所以孔子虽罕言仁，但细读《论语》，夫子所言，前后实一也。与子贡相类，曾子一直谨慎勤勉，用孔门学问自修，如"士不可不弘毅，任重而道远"，在病危时，也曾引用诗经中的《小雅·小旻》语曰："启予足！启予手！《诗》云：'战战兢兢，如临深渊，如履薄冰'，而今而后，吾知免夫！小子！"虽然曾子引诗更多的是为了表达如《孝经》中"身体发肤，受之父母，不敢毁伤"的含义，但是联系散见于各处的曾子之语，我们更能看到的是一个在修身成人道路上一直谨慎小心的曾子。

当然儒家教人修身的目的不仅仅是让人"慎独"，其旨是让人不困于心，不做"戚戚然"小人态。故而当后世以自己的方式洞悉了这条闻道的奥义后，他们在修己成人之路上愈行愈开阔，才会脱口说出"为人处世间，得见事无可疑处，多少快活"这一番话来。

二、独居以慎，相交以诚

在《八佾》篇中，子夏以《卫风·硕人》篇中的"巧笑倩兮，美目盼兮，素以为绚兮"之语问老师，老师用"绘事后素"之语答，即古人绘画之法先布五彩，再以粉白线条加以勾勒。没想到，子夏亦如子贡一般，举一隅而能以三隅返，由此及彼想到了"礼后乎""礼必以忠信为质，犹绘事必以粉素为先"。由此我们可以看到孔门学问不同于诸子之处，孔子强调"复礼"，却并非如墨家一般确确然搬出了"明志天鬼"一说，用以恫吓下到百姓上至诸侯。曾子说："慎终追远，民德归厚矣。"祭祀之礼是为感念先王先祖之德，故而当林放问礼之本时，孔子说："礼，与其奢也，宁俭；丧，与其易也，宁戚。"即所谓"夫祭与其敬不足而礼有余也，不若礼不足而敬有余也，丧与其哀不足而礼有余也，不若礼不足而哀有余也……俭者物之质也，戚者心之诚也，故为礼之本"。于此可以看出，虽然孔子也说过"尔爱其羊，我爱其礼"这样的话，但是相较于外在的形式而言，孔子更重视的是礼之本，即在行礼时，人的内心之质是否也与外在行礼之文相符合，如不符合，就会错把"礼云礼云，玉帛云乎哉"中的"玉帛"当成是"礼"之"本"，而将"诚"置于末端。所谓"诚"，除了与礼相关，它还与仁心相系。曾子说："夫子之道，忠恕而已矣。"何为忠？何为恕？朱子解释得极好："尽己之谓忠，推己之谓恕。"诚如子贡所云："我不欲人之加诸我也，吾亦欲无加诸人。"以待己之心待人，方可谓之诚，而诚的前提就是"慎独"。《中庸》："所谓诚其意者，毋自欺也。如恶恶臭，如好好色，此之谓自谦。故君子必慎其独也。"所谓慎独，就是毋自欺也，所以孔子病危之时，子路使门人为臣，来为孔子治丧时，孔子说出"吾谁欺，欺天乎"这样的话。不自欺欺人，秉心以诚，事人以诚，是孔子对自己也是对门人的期望。当我们看到后学子思编著的《中庸》里的"诚之者，天之道也，诚之者，人之道也"这样的话，才会明白孔门一脉相传之为何，也才明了为何时代在变，而儒家文化中很多精华还一直具有适应性。

三、以行践知，知行结合

在《论语》中，有三处直接谈到过学诗的重要性，一处为孔子教其子孔鲤学诗时说："不学诗，无以立。"一处为夫子自道："小子何莫学夫诗？诗，可以兴，可以观，可以群，可以怨；迩之事父，远之事君；多识于鸟兽草木之名。"一处为学诗后若"授之以政，不达；使于四方，不能专对；虽多，亦奚以为？"综合三处夫子论诗，我们可以看出，孔子在诗教上注重两点：一是需下功夫研读《诗经》，因为读诗的过程，不仅是一个不断累积人文知识的过程，也是一个人养心及了解社会的过程；二是不能只满足于能诵诗，更要知行结合，居于一国可"事君"，出使他国亦可"专对"。而所谓多识于鸟兽草木之名，则更包含了孔子对其弟子的期待。依钱穆先生所言："故学于《诗》，对天地间鸟兽草木之名能多熟识，此小言之。若大言之，则俯仰之间，万物一体，鸢飞鱼跃，到无不在……孔子教人多识于鸟兽草木之名者，乃所以广大其心，道达于仁。"这种对于天地万物的深切关爱之心，其实已经是儒学"仁"的理想的泛化了，这与后来屡屡被二程所称道的张载在《西铭》中提出的"民胞物与"的仁者情怀是相通的。于此可知无怪乎弟子慨叹"夫子罕言利与命与仁"。因达于"仁"对一个人的要求太高了，甚至孔子自己都说："若圣与仁，则吾岂敢？"至于诗的作用，孔子则以"兴观群怨"概括。

简而言之，"兴"体现了《诗经》由物及道、由景及情的启发作用，"观"体现了诗歌的认识省察作用，"群"和"怨"则体现了诗歌的政治伦理和人伦教化作用。由此可见，孔子对以《诗》来教导孔门弟子的良苦用心：一个合格的孔门弟子，除了文质彬彬，还要有所止、有所为，即对社会有所担当，而非去做高蹈遁世的隐者。虽然孔子也说过"邦有道则见，无道则隐""道不行，乘桴浮于海"，但他从未真正放弃一个仁者所应承担的使命和责任。正因如此，当子路告诉石门的守门人，自己的是从孔子那里过来时，守门人第一反应就是："是那个知其不可而为之的人吗？"这与后来孟子的"自反而缩，虽千万人，吾往矣"何其相似！而孔子也曾对其子伯鱼说："人而不为《周南》《召南》，其犹正墙面而立也与！""二南"之诗，适合乡乐中众人合唱之用，人若不能唱"二南"，就像一人独默于人群中，好似面墙而孤立。于此可见，孔子之道非是坐而论道，而是起而躬行。正因如此，当孔子诵"棠棣之华，偏其反而。岂不尔思，室是远而"时，说："未之思也，夫何远之有？"如果真心思念，何惧路途之遥远！进而引之，如果一个人真心向学，又怎会因行道之难而轻言放弃呢？后来《中庸》也有："行远必自迩，登高必自卑。"这种起而行之的态度无形中也开启了《大学》中"修齐治平"理想人格的实现途径，为后世儒生拾级而上提供了途径。

四、执两用中，过犹不及

在《论语》中，孔子曾对《诗》有过两句评价：一为思无邪；一为评价《关雎》时说："乐而不淫，哀而不伤。""思无邪"出自《诗经·鲁颂·駉》，曰："思无邪，思马斯徂。"此诗以骏马善于行走、稳健直行的特点来颂扬鲁公崇奉先贤、品行无邪和治国有道之德，进而譬喻人能恪守先贤遗训，崇德守道，不为邪曲所动的道德意义。而后者则是对《关雎》中的主人公的赞扬，他虽然未能与朝夕慕念的淑女携手，但仍能"快乐而不放荡，悲哀而不痛苦"。联系陆机的《文赋》："虽区分之在兹，亦禁邪而制放。要辞达而理举，故无取乎冗长。"孔子的评价充分表现了一名君子所应有的节制与风度。孔子曾在《论语·尧曰》说："君子惠而不费，劳而不怨，欲而不贪，泰而不骄，威而不猛。"诗教中的这种"中庸思想"在孔门学问中并非孤立的存在，它其实是孔子一直以来倡导的"礼"的思想的体现，而"礼"的思想的核心其实就是"正名"。关于正名，包含两层含义：一是上下各安其位；二是明于己份。因为儒门要培养的是"君子儒"，孔子在给弟子们传授学问时也是致力于培养可以能真正"弘道"的"士"。故而一个君子若真正了解自己肩负的使命和责任，即便是乐于群，也只是会求和而不求同的。正如朱熹所言："和而不流。"内心有仁，进退有度，外化为礼，自会在不经意中让人"望之俨然，即之也温，听其言也厉"，更不用说他会有"恭而无礼则劳，慎而无礼则葸，勇而无礼则乱，直而无礼则绞"了。所以孔子《论语·卫灵公》曰："放郑声。"并且自道："吾自卫反鲁，然后乐正，《雅》《颂》各得其所。"这种种表面看来只是对诗句中情感的"过"进行批评，对语言中的"俗"进行雅化，实则包含了孔子通过"诗"中的"中庸"思想对"礼"的思想加以阐发的意图。《论语·颜渊》中关于培养仁心、克己复礼的四个条目即为："非礼勿视、非礼勿听、非礼勿言、非礼勿动。"明于此，我们再读孔子那句"兴于诗，立于礼，成于乐"才会别有感悟。把孔门的"中庸"思想提升到一个新高度的就是《礼记》，诚如顾随先生所言："如果说一部《礼记》皆讲外在的礼，那么唯《中庸》篇讲内在的思想，故读《礼记》不读《中庸》则只有躯壳而无灵魂。""喜怒哀乐之未发，谓之中；发而皆中节，谓之和。中也者，天下之大本也；和也者，天下之达道也。"这和孔子在《论语》中通过"诗教"来阐发"中庸思想"一脉相承。在《礼记·中庸》中，作者正是通过事物内在两极关系、事物的常与变的关系、时间运行的观念上把握事物发展的规律，提出了"中正""中和""执中达权""时中""中行"准则。而与《论语》中对中庸思想的论述相比，《礼记·中庸》里所谈的"中庸"更具体，并且在要求上更严格，要求一个君子无论何时何地都要以"中庸"来待己接物。于此我们也可看到，先秦的儒家思想在接引弟子时还是较为简明平易，操作性颇强，后来的儒家思想开始走上了一条"极高明"的道路，在理论上日趋精密，在体系上日趋宏大，故而《中庸》篇中也说："国家可均也，爵禄可辞也，白刃可蹈也，中庸不可能也。"

《诗经》云："嘤其鸣矣，求其友声。"作为一位伟大的思想家和教育家，孔子并没有局限于在课堂上传道授业解惑，而是在日常生活中，引诗入怀。因为他对《诗》熟知于心，所以才能在教学上与学生"同声相应"。所以对《诗》的解读，正是我们踏入孔门的一个途径。如此，就不难理解何以孔门一时桃李繁盛，而孔子的学说，也得以通过孔门后学流布天下，泽被后人。

‖ 作品来源 ‖

发表于《赤峰学院学报（汉文哲学社会科学版）》2016 年 8 期。

第三章

多维透视·论语片解

析《论语》中的"孝"

韩高良

导 读

素有"礼仪之邦"的中华民族很早就有了"孝"的观念，孔子在继承西周"孝道"的基础上，在《论语》中论述了关于"孝"的思想，并对如何做到"孝"提出了具体的要求。孔子在弟子问"孝"时，提出了"无违"谓之"孝"、善解父母谓之"孝"、对父母奉养且恭敬谓之"孝"、对父母和颜悦色谓之"孝"等思想。而且给予"孝"很高的价值定位，认为"孝"是为人之本、立国之基、尽忠之始。孔子的这些思想有利于唤醒当代人行孝的紧迫感和注重对父母的精神赡养，利于家庭和睦和社会稳定。

素有"礼仪之邦"的中华民族在伦理道德方面必有很多让其他民族无法望其项背的地方，而"孝"就是其中之一。"孝"作为中国传统伦理道德的重要组成部分在中国历史上源远流长，早在甲骨文中就出现了"孝"字。但这时的"孝"还只能是一种朴实的、自发的道德观念，还缺乏作为一个道德规范所必须具有的与之相适应的一系列具体的道德要求。到了春秋时期，孔子在继承西周"孝道"的基础上，在《论语》中对"孝"进行了系统的论述，赋予了"孝"新的内涵，使其进一步完善、丰富，并对如何做到"孝"提出了具体的要求，形成了一种"孝"的道德规范和思想体系。本文试图探讨《论语》中"孝"的内涵、价值定位及其当代意义。

一、《论语》中"孝"的内涵

通过阅读《论语》，大家会发现《论语》中关于"孝"的内涵主要是通过孔子对他人问"孝"的回答来表达的。孔子在不同地方、不同时间，针对不同的人问"孝"有着不同的回答，通过对这些回答的总结，《论语》中关于"孝"的内涵主要有以下四点：

（一）"无违"谓之"孝"

《论语》中有一章是孟懿子问孔子何者为"孝"。"子曰：'无违。'樊迟御，子告之曰：'孟孙问孝于我，我对曰，无违。'樊迟曰：'何谓也？'子曰：'生，事之以礼；死，葬之以礼，祭之以礼。'"①这一章的两个"无违"蕴涵了孔子"无违"谓之"孝"的思想。对"无违"这个词，自古以来的注释家都众说纷纭。宋代理学家朱熹是这样解释的，"无违，谓不背于礼。"②"而现代很多学者认为'无违'应更多的指不改变父亲的心志心愿，所作所为，子承父业。"③其实"无违"应该包括两层含义：一层是无违于礼，依礼行孝；另一层是不违背父母的意志。

孟懿子问"孝"时，孔子回答的"无违"是有针对性的，孔子之所以这样回答，正体现了他因材施教的特点。孟懿子的父亲是一位杰出的人物，亲贤而好礼，在他临终前，他嘱咐孟懿子一定要追随孔子学礼。既然要学礼，首先就要从自己开始遵守礼，做到无违于礼。而当时掌权的孟孙、季孙、叔孙三家大夫又都有越礼的行为，孔子对此是极为痛心的。当孟懿子问孝时，他正准备在家庙举行祭祀。孔子恐怕孟懿子在祭祀时做出越礼的行为，故回答"无违"。孔子拥护周礼，并终生以恢复周礼为己任，他曾公开宣称："周鉴于二代，郁郁乎文哉，吾从周。"④当然，孔子并不是全盘接受周礼，而是对周礼有所损益。所以，在当时"礼崩乐坏"的环境下，孔子用礼来解释"孝"是不难理解的。孔子认为"孝"的精髓是合乎礼，"孝"是在礼

①④ 杨伯峻：《论语译注》，中华书局，1980年。
② ［宋］朱熹：《四书章句集注》，中华书局，1983年。
③ 涂耀威：《论语》中"孝"的文化内涵，孝感学院学报，2005（5）。

统帅下的"孝"。子女在为父母尽孝道时不应违背礼的规定，并且要把礼贯彻至父母生、死、葬、祭的始终。朱熹对此解释为："生事葬祭，亲之始终具矣。礼，即理之节文也。人之事亲，自始至终，一于礼而不苟，其尊亲也至矣。"①《左传》中也说："孝者礼之始也。"

第二层含义同样是有针对性的，即孔子希望孟懿子能遵从父亲的意志，学礼、懂礼，能在无违于礼方面有所作为。但是值得注意的是，孔子所说的服从父母的意志并非是要求子女对父母毫无原则和毫无鉴别的绝对服从，而是指不违背礼节，有选择地服从。孔子曾说："事父母几谏。见志不从，又敬不违，劳而不怨。"②可见，在孔子看来，父母的所作所为并不一定都正确，当父母有不合乎礼的言行时，子女应该尽力委婉劝谏，而不应该提倡对父母唯命是从。相反，当父母有不义的作为时，为人子女的如果不及时劝告，就会陷父母于不义，这恰恰是不孝的表现。《孔子家语》记载，曾点和曾参父子同是孔子门下弟子。有一天，曾参在田地里锄草，不小心锄断了瓜秧。曾点非常生气，狠狠地责备了曾参，以致用棍棒把曾参打昏。曾参醒来后，为了表示自己心中对父亲并无怨恨，而且自己挨打后并无大碍，就唱着歌回去了。孔子听到后，批评曾参说，要是父亲用小杖打你就受着，要是用大杖打你就跑，万一父亲在暴怒之下，失手将你打死，岂不是陷父亲于不义，曾参赶紧认错。在与曾子探讨"孝"是不是就等于"从父之令"、缺乏自己的独立意志和判断的准则时，孔子说："父有争子，则身不陷于不义。故当不义，则子不可不争于父，臣不可不争于君。故当不义则争之，从父之令又焉得为孝乎！"③"几谏"思想是孔子对"孝"思想的一大贡献，只可惜后来的儒生们却没有把它发扬光大。后来的"父叫子亡，子不亡，子为不孝"，"天下无不是之父母"的说法是违背孔子初衷的，孔子并不主张这种愚孝，而认为父子的关系应该是"父慈子孝"。

另外，不违背父母的意志还表现在要继承父母的遗志。孔子提出："父在，观其志；父没，观其行；三年无改于父之道，可谓孝矣。"④有人把这一

①④ ［宋］朱熹：《四书章句集注》，中华书局，1983年。
② 杨伯峻：《论语译注》，中华书局，1980年。
③ 汪受宽：《考经译注》，上海古籍出版社，2004年。

章理解为:孔子片面强调子女对父母的绝对服从,压制了子女的开拓创新精神。比如陈国庆、何宏是这样注释的:"在本章中孔子说一个人当父亲死后,三年内都不改变他父亲所制定的那一套规矩,这就是尽孝了。其实,这样的孝,片面强调了儿子对父亲的依从。"①笔者认为这应该是对孔子的一种误解,这里的"三年"不是确数,不能机械地理解为三年,而是个约数,通常指很长一段时间。"道—— 有时候是一般意义的名词,无论好坏、善恶都可以叫作道。但更多时候是积极意义的名词,表示善的、好的东西。这里应该这样看,所以译为'合理部分'。"②笔者认为这里的"道"可以理解为父亲的合理人生准则,也可以理解为父亲生前未完成的志向、心愿,未走完的路。子女不能因为父亲不在了,就放弃了父亲生前所要求坚持的正确的人生准则,而且子女也应该尽力完成父亲生前未完成的心愿。我们现在也经常说,要继承某人的遗志、遗愿,现代社会也有很多子承父业的现象。"这便是说为子为孝之道在于,必依'礼'以'孝'来构建家庭及人类时间流动的过程,继承先人遗志,把先人的事业发展下去。"③另外,父母都希望自己的子女能出人头地,"青出于蓝而胜于蓝",怎么会强调子女对自己的绝对服从,压制子女的创新和发展呢? 因此,真正的孝敬更重要的是弘扬父母之志。

(二)善解父母谓之"孝"

孟武伯向孔子问"孝"时,孔子回答曰:"父母唯其疾之忧。"④"对于这里孔子所说的'唯其疾之忧',历来有三种解释:父母爱自己的子女,无所不至,惟恐其有疾病,子女能够体会到父母的这种心情,在日常生活中格外谨慎小心,这就是孝;做子女的,只需父母在自己有病时担忧,但在其他方面就不必担忧了,表明父母的亲子之情;子女只要为父母的疾病而担

---

①④ 陈国庆,何宏:《论语》,安徽人民出版社,2005 年。

② 杨伯峻:《论语译注》,中华书局,1980 年。

③ 李晓红,荣虎子:《〈论语〉"孝"的思想及其当代意义》,华北水利水电学院学报,2007(4)。

忧，其他方面不必过多地担忧。"①我倾向于把这句话理解为，做子女的要做到让父母只为自己的疾病担忧，做自己该做的事，不要让父母为自己的所作所为整日担惊受怕，这样也就做到了"孝"。孔子教育的最大特点就是因材施教，孟武伯一向勇猛，父母经常为他在外惹是生非、遭遇祸难而担忧，所以在孟武伯问"孝"时，孔子作此回答。世界上如果说有一种爱是伟大的、无私的、不图回报的，那就是父母对子女的爱。父母千辛万苦地把子女养育大，子女就是他们生命的延续，子女就是他们未来的希望，父母为了子女可以耗尽毕生的心血。令父母最担心、最忧虑的就是自己的子女，发生在子女身上的每一件事都牵动着父母的心。古人有诗云："慈母手中线，游子身上衣。临行密密缝，意恐迟迟归。"子女身体生病会让父母寝食难安，这种心情只有为人父母才能体会到。有时身体的疾病尚可以医治，但子女要是做了违背道德和法律的事，就无法医治了。所以做子女的要经常体会、理解天下父母这种为子女牵肠挂肚的心情和养育子女的艰辛。一方面要珍惜自己的生命，爱护自己的身体，减少父母的忧虑，这也就是为父母尽孝了。正如孔子所说："身体发肤，受之父母，不敢毁伤，孝之始也。"②另一方面平时要小心谨慎，做合法、合礼的事，不要让父母有疾病以外的担忧。疾病有时是我们无法避免的，但做合法、合礼的事是完全有可能做到的，从这个意义上说，亦可以说尽"孝"了。

（三）对父母奉养且恭敬谓之"孝"

　　俗话讲"养儿防老"，奉养父母是上古时期"孝"的基本内涵。但孔子认为仅仅做到在经济上赡养父母还远远不够，对父母不仅要奉养，还要恭敬，只养不敬甚至不能称得上"孝"。孔子在子游问"孝"时曾说："今之孝者，是谓能养。至于犬马，皆能有养。不敬，何以别乎？"③在这一章中，孔子首先批判了一种对"孝"的误解，一般认为能供养父母、能让父母吃饭穿衣即为"孝"，仅仅把"孝"理解为对父母的物质赡养。孔子对这种做

---

① 陈国庆，何宏：《论语》，安徽人民出版社，2005年。
② 汪受宽：《孝经译注》，上海古籍出版社，2004年。
③ 杨伯峻：《论语译注》，中华书局，1980年。

法显然是不赞同的，孔子认为，这最多只算是"孝"的低层次内容和最起码的要求而已。孔子还把这种低层次的"孝"和饲养犬马作比较，认为如果侍奉父母不恭敬，就跟在家养条狗、喂匹马没有什么区别。孔子在这里明确地区分了"孝"和养，把"孝"和敬联系起来，提出了"孝敬"的概念。其实，"孝"之中应该包括养，但更重要的应该是敬，养要以敬为前提。没有敬的养不能称之"孝"，只有敬而养才是真正的"孝"。这是因为"孝"之中既包括物质上的满足又包括精神上的满足，而且后者是居于首位的。因此，虽没有说"能养"不是"孝"，但发自内心地对父母的恭敬，才是真正地做到了"孝"。"孝"不仅仅是外在的道德规范，更应该是内在的主观要求。"孝"是外在行动，但是这种行动要有发自内心的敬。

（四）对父母和颜悦色谓之"孝"

孔子在提出"养且敬"后，在子夏问"孝"时，他提出"孝"的最高境界。子夏向孔子问"孝"，孔子回答曰，"色难。有事，弟子服其劳；有酒食，先生馔，曾是以为孝乎？"[1]人们对"色难"有不同的理解，我倾向于将其理解为子女在赡养父母时，时刻保持对父母愉悦的容色，爱和敬的情意，让父母感到欣慰，觉得愉快，是最不容易的。不但赡养父母时要和颜悦色，即便是父母有错，子女在劝谏时也要恭恭敬敬，即使父母不听劝谏，子女也不能粗暴地公然顶撞父母，而应该继续替他们操劳而不怨恨，等到他们心平气和时再接着劝谏。正如孔子所说："事父母几谏。见志不从，又敬不违，劳而不怨。"[2]随着我国经济的发展、社会的进步、人们物质生活和文化水平的提高，在物质上赡养父母，人们一般都能做到；奉养父母时，要恭敬，很多人也能做到；但是在父母面前能始终保持和颜悦色则是最难的。这是"养"且"敬"的进一步升华和引申，这是"孝"的最高层次和要求，也最能够反映孝的本质。

---

①② 杨伯峻：《论语译注》，中华书局，1980年。

二、《论语》对"孝"的价值定位

《论语》开篇第二章就明确提出"孝"的问题，并展开论述。而且有人统计，《论语》中共出现"孝"字近20次，虽没有出现"孝"字，但与"孝"有关的有10多处，足见"孝"在《论语》和孔子思想体系中地位之高、分量之重。"有子曰：'其为人也孝弟，而好犯上者，鲜矣；不好犯上，而好作乱者，未之有也。君子务本，本立而道生。孝弟也者，其为仁之本与？'"①一个人孝顺父母，顺从兄长，而喜欢触犯上级统治者，这样的人是很少见的，不喜欢触犯上级统治者，而喜欢造反的人是没有的。君子专心致力于根本的事务，根本建立了，治国做人的道理也就有了。孝顺父母，顺从兄长，就是仁的根本啊！根据有子的这段话，结合《论语》中有关"孝"的论述，下面我们讨论《论语》对"孝"的价值定位问题。

（一）"孝"是为人之本

常言道，"羊有跪乳之恩，鸦有反哺之情"，动物尚且有这种自发的情感，更何况人呢？人更应该有这种情感并付诸行动，这就是"孝"。人如果不"孝"，那就失去了做人的根本，还不如牲畜。因此，有子把子女对父母的孝，弟弟对兄长的爱，即这种从血缘中自然生出来的"孝悌"之情作为人之为人的基础和出发点。一个人只有在家讲"孝悌"，在社会上才能把对父母的孝、对兄长的爱延伸到他人，行孝于天下，爱天下之人，才能尊重爱护他人，才能做到"己所不欲，勿施于人"②，"己欲立而立人，己欲达而达人"③，才能做到诚、信、礼、义、廉、耻等具体行为规范，最后达到"仁"的境界。可见，孔子的"孝"是其"仁"的基础和根本内容之一。因此，我们说"百善孝为先"，我们要从"孝"开始，培养自己的道德，使自己成为一个真正的人。从词源上看，"孝"在我国最早的文字——卜辞中，形状像棵大树，而在木头的根部打一点就是"本"。一棵大树要想枝繁叶茂，必须有稳固的根基。因此，我们要致力于"孝"这个根本，以此获得源源

---

①②③　杨伯峻：《论语译注》，中华书局，1980年。

不断的生命力，使自己的生命之树能枝繁叶茂。

（二）"孝"是立国之基

在家中实行了孝悌，父慈子孝、兄友弟恭，这样家庭和睦，统治者内部就不会有犯上作乱的事情，再用孝悌去感化民众，民众也会绝对服从，而不会起来造反，这样整个社会就会安定。因此，孝悌不仅是家庭伦理，而且也是社会伦理和政治秩序的基础，孔子正是看到了孝悌与社会安定有直接的关系。治国和治家是同一个道理，如果家庭和睦，那么整个社会也就必将呈现出稳定祥和的状态。如果家庭没有了孝悌，那么国家太平必会如无源之水、无本之木而不能长久存在下去。"孝"对中国政治的影响可谓巨大而深远，回顾几千年的封建社会，我们可以清晰地看到，自春秋战国以来的历代封建统治者都看到了这一点，也都继承了孔子的孝悌学说，主张"以孝治天下"。

孔子在《论语》中引用了《尚书》中的一段话："《书》云：'孝乎惟孝，友于兄弟。'施于有政，是亦为政，奚其为为政？"[1]孔子认为能把孝悌的道理应用到治国的政事上，也就是从事政治了，国家政治要以"孝"为本。对此孔子还有一句名言，即"昔者名王以孝治天下也"。由此可见，古代君主对孝的把握从未仅仅停留在子女与父母的关系层面上，而是早就赋予了"孝"政治内涵。"孝"不仅仅作为一种思想来影响政治，而且在中国古代有很长一段时间，这种思想还直接转化为一种政治制度。从汉朝到隋朝的几百年间，曾长期以"孝"为选取官吏的方法。当时统治者认为，忠臣必出于孝子之门，只有孝父友弟的人才有资格担当国家的官职，不孝的人为官不会为国尽忠，也不会爱百姓。

（三）"孝"是尽忠之始

古代"忠"和"孝"两个概念往往是联系在一起的，孔子主张小家和大国的统一，"忠孝合一，移孝忠君"。儒家重视孝道，正是因为"孝"是

---

① 杨伯峻：《论语译注》，中华书局，1980年。

忠的基础，这与孔子积极主张入世是分不开的。有子认为，一个人能够在家中对自己父母尽孝道，对兄长顺服，那么他在外就可以为国尽忠。"孝慈则忠"，国是家的扩大，忠是孝的延伸和外化，孝悌是忠的前提，忠是孝悌的目的、结束。由此，孔子还把"孝"分为"大孝"和"小孝"，"小孝"就是在家中对父母行孝道，"大孝"就是从孝敬父母出发，老吾老以及人之老，幼吾幼以及人之幼，泛爱众，为国为民尽忠。人只有首先在家做到"小孝"，才有可能行"孝"于天下，爱天下的人，做到"大孝"。如果对养育我们的父母都没有孝心，对情同手足的兄弟姐妹也没有敬兄友弟的悌情，为了自己的私利，就可以置父母于不顾，甚至虐待、无情地抛弃父母；为了争夺利益，兄弟竟相互残杀、陷害。这种人对自己的亲人尚且如此，怎么能谈得上对别人有爱心，对国家有忠心呢？由此可见，所谓的"忠孝不能两全"是有失偏颇的，岳飞就是忠孝两全的典范。所以"孝"是尽忠之始。

三、《论语》中"孝"的当代意义

当然，孔子的"孝"由于受到当时历史条件的影响，不可避免地存在着它的历史局限性。例如为了不违背"孝"，孔子倡导"父为子隐，子为父隐"的思想，还有关于丧葬、祭祀方面的一些严格的规定等等。特别是当"孝道"和"忠君"思想相结合，并且历代统治者根据自己统治的需要，对其又不断加以发挥，甚至是扭曲，使其发展成为封建社会的"三纲五常"。应该指出儒家后来的"孝"与孔子原始的"孝"是有出入的，很多思想并非孔子的本意。孔子的"孝道"之所以能够经过几千年而流传下来，并不断被发扬，除了封建统治者的推行，另一方面的原因就是孔子的"孝道"本身包含着光辉的地方。因此，我们应该坚持一分为二、辩证地看，保留和弘扬其合理内核，损其当损，益其当益。

孝敬父母是中华民族的传统美德，现实生活中的孝亲问题却与我们民族的传统美德背道而驰。在物质文明和精神文明高度发展的今天，仍然有一些子女不但不孝顺父母，反而歧视、虐待父母，甚至仇恨杀害父母。这些情况的出现既不利于家庭的和睦与幸福，也不利于社会的和谐与稳定。因此，在建设和谐社会的关键时期，我们重新审视《论语》中"孝"的当代意义就显得尤为必要和紧迫了。

（一）孔子的孝道有利于唤醒当代人行"孝"的紧迫感

现代社会的很多人不是不孝敬父母，而是没有意识到孝敬父母的紧迫感。在这些人心目中，父母与工作、社交相比，父母始终处于次要地位。针对这种情况，孔子曾说："父母之年，不可不知也。一则以喜，一则以惧。"[①]这段话的意思是，父母的年龄不能不知道，一则因父母高寿而高兴，一则因父母的衰老而害怕。孔子通过这段话强调了行"孝"的紧迫感。为人子女者要明白，父母健在是人生的一件幸事，但是父母终归要衰老。所以，孝敬父母要从现在、当下开始，要在父母在世时尽自己的最大努力给予父母尽可能多的陪伴、照顾和关怀。一旦为自己操劳一生的父母突然去世，才知道自己还没有来得及尽孝，将会悔恨不已，甚至抱憾终生，这将是"树欲静而风不止，子欲养而亲不在"的人生悲剧。由此可见，在父母健在时，多一份关怀和照顾，要比父母不在了痛不欲生、守孝三年要强得多。

（二）孔子的孝道有利于唤醒当代人注重对父母的精神赡养

孔子提出了"孝敬"的理念，在"孝"上主张"奉养"和"恭敬"相结合，而且更重视"恭敬"。所以孝敬父母，不单单是指对父母物质上的供养，而且还包括精神上的赡养，包括对父母的精神、心理、感情等方面的需要的关心和满足。孔子的这种思想，在现代社会里无疑有着重要的意义。

随着我国社会的发展和人们物质生活水平的普遍提高，老年人的物质生活水平也逐年提高，但老年人的生活并没有因此而更快乐。原因是现代社会生活节奏加快，子女整天忙于工作和社交，很少有时间陪父母，更谈不上满足父母的精神需求了。在这种情况下，老年人精神需求的满足已经

---

① 杨伯峻：《论语译注》，中华书局，1980年。

提上了日程。老年人最需要的已经从物质生活的满足转移到了心理、情感方面的满足，更希望子女能在精神上给予更多的关心和体贴。儿女不在的丰盛酒宴，比不上儿女相伴的粗茶淡饭；儿女不在的舒适别墅，比不上儿女相伴的简陋房舍。做父母的付出了千辛万苦，但他们并不图回报，只希望子女能经常相伴、一家人团团圆圆。一首《常回家看看》，唱出了天下父母的心声！"常回家看看，回家看看，哪怕帮妈妈刷刷筷子洗洗碗，哪怕给爸爸捶捶后背揉揉肩，老人不图儿女为家做多大贡献，一辈子不容易，就图个团团圆圆……"这就是天下父母的真情写照。"作为子女常回家看看，常打电话问问，可以消除老年人心情抑郁、惆怅孤寞、心理失落、自卑自怜等情绪，使'空巢'不常空，这也是子女应尽的精神赡养义务。精神赡养对有些老人来说，比物质供养更为重要。"① 当然，父母为了不影响子女的发展，很少向子女提出满足其精神需求的要求，但是这种需求确实是实在存在的。因此，作为子女更应当认识和理解父母的这种需要，并给予父母充分的精神赡养。

（三）孔子的孝道有利于家庭和睦和社会稳定

孔子倡导的孝道有利于家庭和睦和社会稳定，有利于在全社会形成尊老爱幼的道德风尚。孔子在家庭里倡导"父慈子孝，兄友弟恭"，把尊敬父母与父母对子女的抚养统一起来，把恭敬兄长和兄长对弟弟的友爱统一起来。这样，父母子女之间相互关心，兄弟姐妹之间相互友爱，从而使父母子女之间、兄弟姐妹之间关系融洽，家庭和睦。孔子没有就此止步，他把家庭中的这种"父慈子孝，兄友弟恭"延伸到社会上，把"孝悌"应用到处理人与人之间的关系上，把"小孝"变成了"大孝"，希望整个社会上的人们都能相互关心，相互尊重，而不是钩心斗角，尔虞我诈。孔子的"孝"对于调整家庭内部伦理关系，保证家庭团结和睦、温暖融洽，以及维系社会的和谐与安宁都起到了一定的积极作用。

孝敬父母是社会文明与进步的道德规范，从一定意义上说，也是衡量

---

① 藏乐源：《析"父母在，不远游，游必有方"》，齐鲁学刊，2005，（2）。

一个社会道德水准的重要标志。现在社会经济飞速发展，人们的思想道德观念也遇到前所未有的挑战。有的人唯利是图，不尊重老人，不赡养老人，遗老弃老的现象时有发生。可见，尽管孔子生活在距今两千五百多年前，今天的经济、社会和家庭结构等都发生了很大的变化，但是孔子在当时形成的"孝"的思想的生命力并没有终结，它对消解人类在当前所遇到的孝亲问题尚有不可替代的功能。因此，如何批判地继承《论语》中"孝"的思想，弘扬中华民族的传统美德，构建新时期社会主义的"孝"文化，成为我们构建和谐社会和中华民族核心价值体系面临的一大课题。

‖作品来源‖

发表于《重庆交通大学学报》（社科版）2009 年 8 月。

论语片解·之七

张石山

导　读

　　关于忠恕，孔子认为："恕"就是"己所不欲，勿施于人。""忠"则是"恕"的积极一面，用孔子自己的话，便应该是："己欲立而立人，己欲达而达人。"

一、岂止忠恕而已

子曰；"参乎！吾道一以贯之。"曾子曰："唯。"

子出，门人问曰："何谓也？"曾子曰："夫子之道，忠恕而已矣。"

以上为《论语·里仁》第十五章，记录了孔子与他的学生曾参的一次会话。曾参比孔子小四十六岁，孔子在世时，曾参超不过二十七岁。而年轻的曾参相当自信，概括夫子的大道，说是不过"忠恕而已"。

忠道、恕道，自然是孔子学说的极重要构成，但孔子的学说精髓，所谓大道，仅仅是忠道、恕道就可以涵盖了的吗？

关于忠恕，杨伯峻在译文之后加了注释。

恕，杨先生引用了孔子在《论语·卫灵公》篇第二十四章中自己下的定义："其恕乎！己所不欲，勿施于人。"——这个解释应该没有问题。

忠，杨先生认为该是恕道的积极面，用孔子自己的话来说，应该是：己欲立而立人，己欲达而达人。——这个解释，不知杨先生有何依凭？

说到立人达人，我们还是先来看孔子的原话。《论语·雍也》篇第三十章，孔子说："夫仁者，己欲立而立人，己欲达而达人。"这儿，孔子分明说的是"仁"，而不是"忠"。关于达，在《论语·颜渊》篇第二十章，孔子将闻、达对解，还有过更为详尽的论述。达和忠，实在扯不上多少干系。

那么，"忠"字到底该如何讲？整部《论语》多次提到忠。第一次提到，是在《论语·学而》篇第四章。我们前面介绍过，曾子的"三乎"，其第一乎"为人谋而不忠乎"，核心字眼就是"忠"字。对这率先出现的"忠"字，杨伯峻先生的注释这样讲：替别人办事"是否尽心竭力"。这样解释，"忠"字哪里有"己欲达而达人"的意思呢？按照这样的解释，忠道如何就能成了"恕道的积极面"呢？

如果我们一定要强调"恕道的积极面"，我的理解它也不是"忠道"，而是"直道"。孔子不同意"以德报怨"，《论语·宪问》篇第三十四章："或曰：'以德报怨，何如？'子曰：'何以报德？以直报怨，以德报德。'"拿德行去报答怨恨，怎么样？孔子对此断然提出反问：那么你拿什么去报答德行呢？孔子提出"以直报怨"，不赞成一味宽容忍让。一味宽忍，只会助长恶行与不义。对于不义，就是要直。正直，直接，直道，值得，让不义受到应得的惩罚。直道，才是恕道的补充，或曰"恕道的积极面"。

让我们回到《论语·里仁》篇第十五章。这里的"忠"，我们不可作褊狭的理解，认为就是臣下忠于君上、部下忠于上峰，理解为对朋友、对事业、对信义、对仁道的忠诚，应该不能算错。曾子修身严谨，或者既能奉行忠道，"为人谋而忠"，又能奉行恕道，"己所不欲，勿施于人"。如果曾子这样理解孔子的道，并且实践之奉行之，行何不可？

但是，曾子断然说："夫子之道，忠恕而已矣。"仅仅以"忠恕"二字来总括夫子之道，或有不足，至少是不够全面。说得严重些，乃至有把夫子之道低矮化、狭窄化的嫌疑。

《论语·述而》篇第二十五章："子以四教：文，行，忠，信。"《论语·述而》篇第六章："子曰：志于道，据于德，依于仁，游于艺。"

《论语·学而》篇第十章，子贡介绍孔子，说"夫子温、良、恭、俭、让以得之"。

《论语·阳货》篇第六章，孔子教导子张，仁人应该具备五种品德："恭，宽，信，敏，惠。"

多不胜举的例子，指不胜屈，不可胜数，应该能够说明：夫子之道，绝不仅仅是忠恕而已。

夫子之道，孔子奉行的大道，该是仁道。仁道，可谓博大精深。

夫子之道，究竟是什么？如何解说？无疑是困难的。那是一种参详和体悟的功夫，不是概念化的简单注释与理解。对之，曾参的师兄颜渊、子贡等人深有体会。在《史记·孔子世家》中，颜渊和子贡都认为："夫子之道，至大也，故天下莫能容夫子。"曾子对夫子之道的概括，如果说并不曾偏离的话，但至少是失之于褊狭了。

作为传承孔子学说大道的大师，曾子是伟大的，但在曾子年轻的时代，在他成长的过程中，他对孔子学说的理解，可能是褊狭的，不够全面的。

我们不应该苛求青年时代的曾子。对之不必求全责备，应该有一点恕道。

但我们也大可不必"为尊者讳"。君子之过，如日月之食；过也，人皆见之。看见了，硬要假装没看见，那我们就太不君子了。即便是对伟大的曾子，我们也应当指出他的错失。这样，才会利于我们更好地更全面地把握孔夫子学说的精髓。这是我们应该奉行的忠直之道。

🐉 二、"你是个东西"的幽默

《论语·为政》篇第十二章："子曰：'君子不器。'"意思是说，君子不应该像器皿一样，局限于一定的用途。

器，原本是名词，指器具、器皿，但在这儿，可以当形容词来用。好比"铁"字，本来是名词，说两人关系很铁，就又当成了形容词。

某些汉字的一词多义，在实际使用的过程仁常常容易造成一语双关的奇特效果，比方"器"字在《论语》中的使用。既然孔子认为"君子不器"，那么他说某人"器"，应该是指某人像器皿一样，尚有局限，还达不到君子的水平。但由于"器"字原本当器皿来讲，说某人"器"，就可能造成误解，等于说某人是个器皿、是个东西。说某人"不是东西"，等于是在骂某人；说某人"是个东西"，某人也不会高兴。这中间就有一点幽默了。在《论语·公冶长》篇第四章，记录孔子和学生子贡的一次对话中，便搞了一回不小的幽默。

通观整部《论语》，孔子对弟子们的要求非常严格，对大家的期望值相当高。但孔子对于弟子们的良好品格、优点特长，包括各方面的进步，从来都不吝于鼓励表彰。正是孔子的大力表彰，包括评价推介在《论语》这部经典中频繁出现，他的许多学生才得以名彪史册。

这一点，在《论语·公冶长》篇中显得尤为突出。本篇多章文字都是孔子表彰奖掖弟子的语录。

第一章，孔子表彰了弟子公冶长。尽管公冶长曾经被关押在监狱里，但孔子认为并不是他的罪过，充分肯定了公冶长的品格，乃至把自己的女儿嫁给了他。

第二章，孔子表彰了另一名弟子南宫适。国家政治清明，南宫适能够出仕而不被废弃；国家政治黑暗呢，又不致遭到刑戮。于是替兄长孟皮主婚，把自己的侄女嫁给了他。

第三章，说到学生宓子贱，孔子当众夸赞"君子哉若人"，说这人是个君子呀！

君子人格的养成，何其难；君子人格的标准，何其高。孔子对宓子贱的评价，可以说是足够慷慨的了。即便如此，宓子贱都不曾列入孔门高第"四科十哲"之中。换言之，位列四科十哲的弟子们，该是更加才艺多端、品格高拔。

然而，在紧接下来的《论语·公冶长》篇第四章，说到心爱的学生子贡，孔子的评价却意外地有些吝啬起来。言语间有几分夸许，仿佛又带着一些批评，这就让后人而复后人有些困惑。

子贡问曰："赐也何如？"子曰："女，器也。"

曰："何器也？"曰："瑚琏也。"

　　子贡询问：我这个人怎么样啊？孔子回答：你呀，就是个器皿。那我是个什么器皿呢？是个琏瑚。

　　孔子讲过"君子不器"的话。上古君子，孔门弟子，往往多才多艺，号称"一事不知，儒者之耻"。所以君子不能像器皿一样，只有一样固定的用途。我的理解，"君子不器"这句话，还有别样的意思：君子不拘，君子应该不拘一格，不仅要有礼仪之严谨，还应该有易数之变通。当然，我们还可以引申出有关器量的含义。君子应该雅量高致，而不应该器宇褊狭。

　　那么，既然孔子强调"君子不器"，怎么又说子贡"器也"呢，孔子这样说，莫非是对于贡的批评吗？我们知道，子贡是孔子最心爱的得意弟子之一，对这样一名学生，孔子为什么要说他是个"器"呢？这儿的"器"，还是"君子不器"的那个"器"吗？如果不是，那么孔子的话里还有什么别的意味呢？

　　如前所说，孔子讲学，教学过程一定是充满了快乐。在孔子讲学的过程中，包括师生之间的会话不乏思辨，更不短缺幽默。所以，孔子和学生子贡的这场当众会话，我们可以看成是一次幽默的会话，活跃着讲坛气氛，体现着寓教于乐。

　　让我们回到本篇第四章。这一章，是对话体。我们不妨模拟一下当时对话的情境。在大庭广众之下，在众多弟子面前，甚或就是在讲学的课堂上孔夫子情绪很好，接连奖掖表彰了几名弟子。这时，少年气盛又一向表现出众的子贡，按捺不住，自个起而发问了。

　　"子贡问曰：'赐也何如？'"我说夫子啊，你看弟子我这个人怎么样啊？

　　"子曰：'女，器也。'"孔子回答道，你呀，就好比是个器皿！

　　子贡的问话，是问我"怎么样"，并没有问我"像个什么"。孔子的回答却是说，你像个器皿。孔子的话，一语双关，同时带有几分幽默。一方面，说子贡像个器皿，就好比说"你像个什么东西"，本身有些调侃的幽默。同时暗指，或曰夫子的本意，是说子贡还有些"器"，你在学识上未免还有点拘泥局限吧。

　　子贡继续发问，"曰：'何器也？'"那请老师你说说，我像个什么器皿？

说子贡"器也",孔子的本意,多半是说子贡还有点局限,"器"字用作形容词。这其间的意味,子贡应该是明白的。但子贡在当场,显出几分淘气,偏偏把"器"字按名词来理解。老师你说我像个器皿、像个东西,一语双关批评我,那你得给我说清楚了:我到底像个什么东西?

孔子当即回答,"曰:'瑚琏也。'"你呀,像个瑚琏呐。

夫子既然用了"器"这一多义而可能被偏解的词语,所以将错就错,说子贡像是一只瑚琏。瑚琏,是宗庙祭祀中盛黍稷的容器。历来解释,都说瑚琏属于一种豪华的礼器,具有"高、贵、清"的品质。

说你像是一只器皿,但你是像瑚琏一样的高贵器皿,这对你是一种相当豪华的褒扬啦。当然,老师我褒扬你,说你是瑚琏,但它毕竟又是一只器皿,你聪明过于常人,这中间的意味还不明白吗?

是啊,君子不器。这是夫子婉转而语重心长的批评教诲啊。

子贡受教,不再纠缠。

三、一桩睡午觉的公案

我们前面说过《论语·公冶长》篇,不少章节都是评价、表彰弟子们的。但孔子评价弟子们,准确而有分寸,即或表彰奖掖,也多半不曾把话说满了。

第八章,孔子回答孟武伯的询问,集中说到子路、冉求和公西赤三个弟子。子路的性格是刚猛率真,夫子对之评价相当高,认为可以给千辆兵车的大国,负责军政事务;冉求,可以给千户人口的私邑当长官,可以给百辆兵车的大夫封地做宰臣;公西赤,可以穿起礼服,立于朝堂之上,让他接待外宾,办理外交。

几个弟子是这样的治国人才,夫子却一概都说"不知其仁也"。

对仁德的追求,是士君子终身的目标,乃至是终极目的。敢说谁人已经达到了仁的境界?孔子这样讲话,可以看作是对弟子们的严格要求吧。

尽管"不知其仁",但夫子对几名学生的肯定和举荐,是显而易见的。仿佛知子莫若父,夫子对弟子们的那种关爱之情,跃然纸上。

然而，在本篇第十章，似乎兜头一转，出现了异样的声音。

《论语·公冶长》第十章：

宰予昼寝。子曰："朽木不可雕也，粪土之墙不可圬也；于予与何诛？"子曰：'始吾于人也，听其言而信其行；今吾于人也，听其言而观其行。于予与改是。"

这段话的完整译文如下：宰予在白天睡觉。孔子说："腐烂了的木头雕刻不得，粪土似的墙壁粉刷不得；对于宰予，有什么可责备的呢？"孔子又说："最初，我看待人，听到他的话，便相信他的行为；如今，我看待人嘛，听到他的话，却要考察他的行为。从宰予的事情上，我改变了态度。"

这是两段话，第二段话，也是孔子针对宰予昼寝发出的。或曰，是《论语》的编纂者，即孔子的再传弟子们认为，后一段夫子的话也是针讨宰予昼寝的。

不言第二段，单是第一段，按惯常的理解，孔子对宰予的评判也足够严厉。"朽木不可雕也"，甚至成为人们批评不可造就者的一句经典话语。

宰予果然是那样不可造就吗？"昼寝"，如果只是字面上的"白天睡觉"，是那样不可饶恕吗？孔子对别的学生关爱有加，何以对宰予这样严厉苛刻呢？对此，我们有必要进行一点探讨，寻根究底一回。

假设，在孔子教学的地方，没有午休制度，前来求学的弟子，不可以白天睡觉。那么，宰予白天睡觉，就是违反学校纪律，当然不能允许。可是，我们要问，宰予违纪，是初犯还是屡犯？

如果他只是初犯，孔子何至于那样过激批评？近乎诅咒？

如果宰予竟然是屡犯，那么孔子学院的教育功能何在？或曰，宰予属于屡教不改，天生不可救药，何不开除之，将其逐出门墙？而事实上，宰予是孔子的及门弟子，追随夫子到底，并且位列"孔门十哲"之中。

而且，孔子下面的话也颇费解。"于予与何诛？"对于宰予有什么值得责备的呢？前面是严厉的责备，后面又说不值得责备。这又到底是怎么回事？

质言之，非常可能的是，对孔子的原话，隔代弟子的理解已经走偏了。

他们认为孔子是在批评宰予，所以又添加上了本来不相干的后一段话。这样一来，仿佛宰予成了一个反面典型。

按照常情推断，宽厚温良的孔子，不会那样过激批评一个列于门墙的学子。如果宰予属于朽木不雕、粪土之墙，则孺子不可教，宰予怎么可能列于"孔门十哲"之中呢？

参研不少关于《论语》的注释解说，就"宰予昼寝"的疑问，南怀瑾先生在他的《论语·别裁》中有非常新颖的一种解说。南先生认为，非常可能的是，宰予昼寝，不是品德问题，而是身体原因。宰予不像是那样顽劣懒惰，只是身体不好而在白天不得不休息。他的身体状况相当差，如同朽木烂墙一样。对于这样身体的宰予，有什么可多加责备的呢？

"始吾于人也，听其言而信其行。"宰予一定表示过，要努力读书，苦学六艺，开始孔子对此并不怀疑。"今吾于人也，听其言而观其行。"不仅要听他的言辞表白，还要看他的实际表现情况。"于予与改是。"正是人的特殊性，夫子看到宰予的个体情况，改变了自己的固有思维方式。

这样理解，大概才是孔子的原意。这才是夫子之仁。

‖作品来源‖

发表于《名作欣赏》2012 年第 7 期。

第四章

奇文共赏·比较阅读

《理想国》与《论语》之比较

黄 云

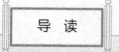

> **导 读**
>
> 　　孔子的《论语》和柏拉图的《理想国》分别是东西方文化源头的重要组成部分，探讨的内容非常广泛。但这两部文化经典的差异也非常明显。

　　《理想国》探讨了哲学、政治、伦理道德、教育、文艺等多方面的问题，全书共 10 卷，以理念为最高范式，以正义论为中心。《论语》是儒家的一部重要的经典著作，是孔子的弟子及再传弟子记录孔子言行的一部集子，成书于战国初期。《论语》内容同样广泛，涉及社会生活的方方面面。《理想国》和《论语》是东西方文化传统中的精髓，集中体现了东西方文化的差异。

一、文化源头之异

　　在《理想国》中诗的地位是低下的，而在《论语》中，《诗经》成为孔子表达思想的一个重要依据。柏拉图一方面指出了荷马诗中各种各样的"弊端"，另一方面对如何写诗做出了详细的规定。柏拉图只是一个文艺的审判官，却不是艺术本身的反对者。在中国文化结构中，诗占据的是中心地位，诗是中国古人文化生活的核心。如果说西方的哲学是思辨性的，那么中国的哲学则是诗性的。受其文化传统的影响，小说、戏剧等一直在西方文学中占据主要的地位。而中国文学以抒情文学见长，小说和戏剧只是在一次次的文学革命之后才崭露头角。

二、法则概念之异

《理想国》体现的是法治原则，而《论语》体现的则是人治法则。

《理想国》强调个人的正义与城邦的正义，并认为个人的正义服务于城邦的正义。孔子主张德政，即人治，认为在上位的人只要实行仁政，百姓就会安居乐业；相反，统治者如果施行暴政，必然引起百姓的反抗。孔子门徒在《大学》中延伸了孔子的这种思想，提出"身修而后家齐，家齐而后国治，国治而后天下平"。《理想国》中的正义概念是把个人寄托于城邦之中，体现的是"国"的概念。《论语》中，是用"仁"的概念把国纳入家或个人之中，体现的是"家"的概念。

三、逻辑思维之异

《理想国》运用的是归纳的逻辑方法，《论语》运用的是演绎的思维方法。

在《理想国》中，这种归纳逻辑往往从细枝末节出发，由浅入深，渐次演进，最终得出结论。比如，在文本中，苏格拉底为了反驳色拉叙马霍斯的"正义就是强者的利益"的观点，循序渐进，慢慢引导对方进入自己的思维模式中。从"医生是治病的人""舵手因他有自己的技术，能领导水手们"而得出"每一种技艺的天然目的就在于寻求和提供各自的利益"，最终得出迥异于色拉叙马霍斯的结论："在任何政府里，一个统治者，当他是统治者的时候，他不能只顾自己的利益而不顾属下老百姓的利益，他的一言一行都要为了老百姓的利益。"苏格拉底从对色拉叙马霍斯的结论的否定开始，通过论证给出与其完全相反的结论，体现了希腊人归纳式的环形思维结构。《论语》言简意赅，点到辄止，不像《理想国》以抽象推理支撑起一个似乎充满必然性的定理或定义。比如，子曰："道听而途说，德之弃也。"孔子对于这个命题或者观点，并未给出一个具体的阐释，不用任何正面的、反面的、侧面的论据来论证其正确性。长于综合而短于推理，长于直悟而短于分析，这正是中国的直线思维结构的特点。两种迥异的思维方式也展现了东西方文化的互补性。

《理想国》中，柏拉图认为，智慧、勇敢和节制都是人的美德。在国家生活中，各人从事的工作取决于各自的德性。具有智慧品性的人由金铸成，是国家的统治者；具有勇气品性的人由银铸成，将成为保护国家的军人和武士；欲望则为广大自由民所共有，它由铜和铁铸成，所以需要节制欲望。在《论语》中，孔子提出"知者不惑，仁者不忧，勇者不惧"。"颜渊问仁，子曰克己复礼"，孔子强调欲"仁"需"克制"。智慧、勇敢和节制是人类道德的三个重要范畴，两位思想大家以不同的方式阐明了很多相似的观点。

两部著作都充满了人生智慧，给东西文化带来了不可估量的影响，并将继续影响着人类的社会生活与文化生活。

‖作品来源‖

发表于《语文知识》2012年第11期。

孔子、孟子眼中的尧舜禹
——《论语》《孟子》中对尧舜禹评价的比较

张东微

导　读

　　儒家代表人物孔子和孟子对古人尧舜禹的评价都很高，但孔孟评价尧舜禹又有细微的差别：其一，二者对尧舜禹的评价侧重点不同，孔子评价尧舜禹侧重于他们在历史上所作出的贡献，而孟子更看重他们的德行；其二，二者最推崇的人选也不同，孔子最为推崇尧，孟子最为推崇舜。这些差别反映了孔孟思想的不同之处，同时也反映了孔孟思想的承袭之迹。

　　尧舜禹是我国远古时代传说中的杰出部落首领，是中国古代德政——以德治天下的化身，被后人尊为"圣人"。以孔子为代表的早期儒家一向被称为复古派，生活在"礼崩乐坏"的春秋时期，其理想是恢复西周的礼制，回复到尧舜时代。儒家代表作品《论语》和《孟子》中有很多对尧舜禹的高度评价和论述，但是《论语》《孟子》对尧舜禹的描述和评价却有细微不同。

一、孔子对于尧舜禹的评价

　　作为儒家创始人的孔子向往的是尧舜时期的礼制社会，"丘也闻有国有家者，不患寡而患不均，不患贫而患不安"①。他的政治理想是希望能够实现如同原始社会那样无阶级、无剥削的人人平等、贫富均、和而安的大同

_____
　　① 杨伯峻：《论语译注》，中华书局，1980 年。

社会。尧舜禹就是这一时期的杰出部落首领。从总体来说，孔子对尧舜禹的评价是很高的，他把尧舜禹看作君王的完美代表和后世君王效法的楷模。

《论语》是记载孔子及其弟子言行的书，是研究孔子思想的最主要文献。现存《论语》共 20 篇 21000 多字。据杨伯峻统计，在《论语》中"尧"出现有 4 次、"舜" 8 次、"禹" 5 次[①]。其中《泰伯篇》比较集中，其他则在《雍也篇》《宪问篇》各提及 "尧舜" 一次，《卫灵公篇》有称颂舜 "无为而治" 一次。尧舜禹这三位圣人之中，孔子尤其推崇尧，对于舜禹的评价也很高。

在《论语》中提及的先于孔子的圣贤之中，尧是孔子最推崇的人物，唯有尧可以用大 "圣" 来形容。孔子对尧的歌颂可以分为两个方面。首先，功德方面。孔子称赞他说："大哉，尧之为君也！巍巍乎！唯天为大，唯尧则之。荡荡乎！民无能名焉。巍巍乎！其有成功也，焕乎，其有文章。"[②]皇侃《论语义疏》引王弼说："圣人有则天之德。所以称'唯尧则之'，唯尧于时全则天之道也。"[③]从这里我们可以看出，孔子认为尧是古代圣贤中最伟大的一个，而且孔子认为只有尧才可以称得上大 "圣"。只有 "天"是最高最大的，只有尧为君时可以效法天。尧效法天，功德崇高而广远。孔子说其功德之大令人难以用语言说清楚。宋朱熹说："言物之高大，莫有过于天者，而独尧之德能与之准。故其德之广远，亦如天之不可以言语形容也。"[④]其次，歌颂尧的历史贡献。据朱熹《集注》引尹氏曰："天道之大，无为而成。唯尧则之以治天下，故民无得而名焉。所可名者，其功业文章巍然焕然而已。"[⑤]即尧制定了辉煌的典章制度，垂范后世。故清刘宝楠说："上世人质，历圣治之，渐知礼义，至尧舜而后文治以盛。"[⑥]根据《史记·五帝本纪》的记载，尧在历史上的贡献主要还在于将当时的很多部落联合成一个整体并建立了国家的雏形。同时也改变了当时各部落的生活方式，使人们由游牧生活转向定居的农业生活。这两件事在中华民族的发展史上

---

①② 杨伯峻：《论语译注》，中华书局，1980 年。

③ 皇侃：《论语义疏》卷四，《泰伯第八》，《儒藏》，梢华编。

④⑤ 朱熹：《四书章句集注论语集注》，中华书局，1983 年。

⑥ 刘宝楠：《论语正义》，中华书局，1990 年。

有着重要意义，对人们的生活产生了巨大影响。

舜虽然不是孔子最推崇的人，但孔子对舜的评价可谓是与尧等量齐观的。《论语·卫灵公篇》记载孔子评价舜，他说："无为而治者，其舜也与？夫何为哉？恭己正南面而已矣。"孔子赞扬舜无为而治，达到太平盛世。孔子指出舜能无为而治的原因有三：一、"恭己"，即修己以敬，用恭敬谨慎的态度修养自己，提高自己的道德修养，来影响民众。二、继承圣王尧的帝位，执行尧制定的政策措施。三、能得贤人而治，用禹、皋陶等辅佐。正是因为有了这三个条件，舜才可以垂拱而治，致天下太平。

《论语》中其他篇章对舜的论述都是和尧或禹放在一起的。《论语·泰伯篇》载孔子评价舜禹曰："巍巍乎！舜禹之有天下也而不与焉。"孔子高度赞美了舜禹的为君之道：虽在高位，掌握国家权力，却一点也不为一己之利，而是全心全意为天下百姓。在《论语·雍也篇》中孔子借尧舜指出了"仁"和"圣"两个不同道德概念的区别，认为最高道德标准是"圣"，"仁"居其次。如果能做到"博施于民而能济众"，则就可以超越"仁"而达到"圣"的境界了。"圣"的层次比较高，很难达到，就连尧舜这样的圣人要做到"博施于民而能济众"也是很难的。孔子跟子路谈到怎样做才称得上是君子时，提出对君子的最高要求是"修己以安百姓"[1]，使天下的人民安乐。即要求君子在不断提高自我修养的基础上，对人事恭敬而又谨慎，最后达到治国平天下的目的。这是尧舜那样的圣君也难做到的啊。虽然这两处孔子是以尧舜不能达到这些标准提及尧舜的，但也看得出，孔子是把尧舜放在了很高的位置上的，认为如果连尧舜这样的圣人都不能做到的事情，那么普通人更不可能做到。

孔子对于禹的评价，则又较舜低了一个层次。《论语·泰伯篇》："子曰：'禹，吾无间然矣。菲饮食，而致孝乎鬼神；恶衣服，而致美乎黻冕；卑宫室，而尽力乎沟洫。禹，吾无间然矣。'"[2]孔子首先赞颂禹的功德无可挑剔，自己的饮食极其粗劣而祭品却很丰盛，自己的衣服很简朴而祭祀鬼神的祭服却非常华丽，可见其对神事的虔诚与恭敬。这在我国古代是很重要

---

①②　杨伯峻：《论语译注》，中华书局，1980年。

的，因为祭祀是国家政治中很重要的一环，对神的虔诚就是对国家的忠诚。其次孔子赞颂禹的治水功绩，自己的宫室非常简陋，把精力都用在了治洪水上，解救人民于水深火热之中。同时，孔子也赞美禹的为君之道，参见前文对舜的为君之道的论述。

总体来说孔子对三圣的评价都是很高的。如果分别从孔子对尧舜禹的评语来看，我们可以看出他对三圣的评价还是有细微差别的：从"大哉尧之为君也"，到"无为而治者，其舜也与"，再到"禹，吾无间然矣"。可以看出，在孔子眼中，尧最为崇高，只有他可以和天相比；舜次之，可以做到"无为而治"；禹又次之，"无间然矣"，孔子认为他的为君无可挑剔。

二、孟子对于尧舜禹的评价

孟子"言必称尧舜"[①]，可见孟子对尧舜之道的重视程度。这一点我们从《孟子》中尧舜禹频频出现也可以看出来。据杨伯峻统计，在《孟子》中，"尧"在 35370 字中出现 58 次、"舜" 97 次、"禹" 30 次，比"周公" 18 次、"文王" 35 次[②]，出现的频率要高得多。可见，孟子对舜尤其感兴趣，提及舜的地方在尧舜禹中为最多。

从《孟子》的相关记载来看，孟子对于尧舜禹也分别有着不同的评价。

《孟子》中虽然"尧"字出现的次数为 58 次，但单独叙述尧的事迹的文字并不多，孟子对尧也少有专门的评语，尧多与舜并提，赞颂尧舜之道或其伟大历史功绩。孟子对尧舜之道的颂扬，贯穿于《孟子》全书。一方面，孟子赞颂尧的为君之道。《滕文公上》详细记载了尧举舜治理天下，孟子欲以此为例来说明君王治天下需要任用贤人的道理。孟子认为圣人是做人的标准，他将尧舜这样的圣人之间的关系定位为君臣关系的典范，"欲为君，尽君道，欲为臣，尽臣道，二者皆法尧舜而已矣"，倡导后人需要效法尧舜。如果"不以舜之所以事尧事君，不敬其君者也；不以尧之所以治民治民，

---

①② 杨伯峻：《孟子译注》，中华书局，2005 年。

贼其民者也"。①孟子认为尧对待舜的方法也是君主尊贤的典范,是应当为
当时的君王所效法的。"尧舜既没,圣人之道衰,暴君代作,坏宫室以为污池,
民无所安息,弃田以为园囿,使民不得衣食。"②孟子借尧舜死后,天下大乱,
人民生活于水深火热之中的情况说明尧舜对后世的巨大影响,并反衬尧舜
为君的伟大和尧舜为君之道的重要。

另一方面,孟子又认为"尧舜与人同耳""尧舜性之也",即尧舜实行
仁义是发自本性的,习于本性,因其自然。孟子同意"人皆可以为尧舜"
的说法,他认为尧舜虽然是圣君,但其所倚之道却是人人可为的孝弟之道,
"尧舜之道孝弟而已"③。人的本性是向善的,只要人努力修身养性,积善
行德,也可以达到或者至少向尧舜靠拢一些。

孟子对舜尤其推崇,对舜的赞誉远远多于尧和禹,《孟子》中"舜"的
出现次数比"尧"和"禹"字相加之和还要多,有力地突出了舜在三圣中
出类拔萃的崇高地位。从某种意义上来说,舜是儒家心目中最完美的圣王
典范,因为他不仅通过"修身"具备了"人伦之至"的内圣品格,而且还
在"仁政"活动中实现了"博施于民而能济众"的外在理想。舜也是孟子
为表现其社会理想和政治抱负而树立起来的一面旗帜。

孟子对舜首先称赞其为君行仁义之道,孟子将其塑造成为一个与尧一
样崇高伟大的贤明君主。"当尧之时,天下犹未平,洪水横流,泛滥于天下。
草木畅茂,禽兽繁殖,五谷不登,禽兽偪人。兽蹄鸟迹之道,交于中国。
尧独忧之,举舜而敷治焉。舜使益掌火,益烈山泽而焚之,禽兽逃匿。"④
舜在这种险恶情况下被尧选拔出来,并不负众望,赶跑野兽,治理洪水,
征服了大自然,保护了人民。孟子认为"舜明于庶物,察于人伦,由仁义行,
非行仁义也"。⑤舜是从仁义之路而行,并不是把仁义当作工具或手段来使
用。关于尧舜之道,在前文中已有论述,此处不再赘言。

其次,孟子耗费大量笔墨将舜塑造为"大孝"的典范。孟子对于舜"孝"
行的论述文字要远远多于对其为君才干的称赞。孟子最推崇舜的"孝",认
为舜是"大孝"之典型。《孟子》七篇,11处提及舜的"孝",可谓赞不绝口。

---

①②③④⑤ 杨伯峻:《孟子译注》,中华书局,2005年。

纵观《孟子》提到"舜"或"大舜"的就有90多处，其中能够单独叙述某个事件或完整表达某种思想的，也有36处之多，足见孟子对舜的推崇程度。孟子曰："视天下悦而归己，犹草芥也。惟舜为然。不得乎亲，不可以为人；不顺乎亲，不可以为子。舜尽事亲之道而瞽瞍底豫，瞽瞍底豫而天下化，瞽瞍底豫而天下之为父子者定，此之谓大孝。"① "大孝终身慕父母。五十而慕者，予于大舜见之矣。"② 把父母看得远远重于天下，直到五十岁还怀恋父母，只有舜才能做到啊。"父母爱之，喜而不忘；父母恶之，劳而不怨"，"舜其至孝矣"，对父母的孝达到了无以复加的地步。舜无愧为"大孝""至孝"的典范。弟子曾问孟子，舜为天子，皋陶为法官，假如舜的父亲瞽瞍杀了人，当怎么办？孟子在无法回避这个问题的情况下，给舜出了一个两全其美的方法："舜视弃天下，犹弃敝屣也。窃负而逃，遵海滨而处，终身欣然，乐而忘天下。"③ 可见孟子对舜的"孝"是多么敬仰，他甚至认为舜可以为了庇护父亲，而会毫不犹豫地抛弃君主之位。

孟子曰："尧舜之道，孝弟而已"，将孝道上升到国家政治统治思想的高度，这是孟子借尧舜之道对前人"孝"思想有选择的发展。在孟子的思想中，孝道思想是仁政的基础。"孝子之至，莫大乎尊亲；尊亲之至，莫大乎以天下养。为天子父，尊之至也；以天下养，养之至也。"④ 舜做了天子以后，以天下养瞽瞍，可谓达到至孝的境界了。

此外孟子还对舜其他的卓越才能和优秀品质做了论述，如舜从善如流"大舜有大焉，善于人同，舍己从人，乐以取人为善。自耕稼、陶、渔以至为帝，无非取于人者。取诸人以为善，是与人为善者也"，言舜对于行善没有自己与别人的区分，抛弃自己的不是，接收人家的是，并以此为乐："鸡鸣而起，孳孳为善者，舜之徒也。"⑤

孟子对禹的论述在三圣中是最少的，《孟子》中"禹"字的出现次数为30次，比尧舜都要少得多。孟子对禹从两个方面进行了评价：第一，称赞禹的从善如流和关心百姓疾苦的品行。孟子称"禹恶旨酒而好善言"⑥，

---

①②③④⑤⑥ 杨伯峻：《孟子译注》，中华书局，2005年。

讨厌美酒而喜好人家向他进善言，而且"禹闻善言则拜"①。孟子认为"禹、稷、颜回同道"，他们都关心天下百姓疾苦，"禹思天下有溺者，由己溺之也；稷思天下有饥者，由己饥之也"，②所以他们很急迫地将天下百姓解救于水深火热之中。第二，孟子还大力称赞禹的治水功绩。"当尧之时，天下犹未平，洪水横流，泛滥于天下"，尧举舜摄政，舜命禹带领人民治水。"禹疏九河，瀹济漯而注诸海，决汝汉，排淮泗而注之江，然后中国可得而食也。当是时也，禹八年于外，三过其门而不入，"③终于制服了洪水，使人民过上了安居乐业的日子。

三、孔孟对于尧舜禹评价的比较

作为儒家不同时期的重要代表人物，孔子和孟子都很向往尧舜禹时期的社会，都以尧舜禹为古代贤王圣君的杰出代表。这是孔孟思想的相通之处，也是儒家思想一脉相承的痕迹之一。但不同之处还是很明显的：不但他们最推崇的人不同，而且即使对于同一个人他们的评价也是有所区别的。我们且作如下分析：

对尧舜禹的评价侧重点不同，孔子评价尧舜禹侧重于他们在历史上所做出的贡献，对人民的好处。尧：品德高尚，功绩显赫；舜：赞扬其无为而治的能力；禹：赞扬其治水的历史功绩。而孟子评价尧舜禹的时候，更看重他们的德行方面。尧：侧重于对其为君之道的称赞；舜：称其为贤明君主，大力颂扬其孝弟思想，将"孝"引入了政治思想范畴，并赞扬其从善和乐善的精神。禹：从善如流，关心百姓疾苦，并称赞其治水功绩。孔孟对尧舜禹评价的差异源于孔孟对古人评价标准的不同。孔子在评价历史人物方面，更侧重于历史人物的才能及其在历史上的贡献，而孟子更倾向于历史人物的品德。

最推崇的人不同：孔子在三圣中最推崇的是尧，他认为只有尧可以称得上是真正的"圣"，他大力颂扬尧的功德和历史贡献，认为只有像尧这

---

①②③　杨伯峻：《孟子译注》，中华书局，2005年。

样品德高尚、历史功绩巨大的君主,才是为君的典范。而孟子则最为推崇舜,他多次用"大舜"表示其仰慕之情,尤其对舜的"孝弟"赞不绝口,多次称其为"大孝""至孝"。在孟子眼中,舜不仅是一个天子,更是一个孝子。

孔子和孟子对尧舜禹的不同评价反映了他们思想的差异,从中我们也可以窥探到时代变迁、思想发展的痕迹。

孔子对尧的功德的重视,是他提倡"德政"的一个重要反映。孔子提出"为政以德"的治国之策,积极向各国国君推销他的治国方略。在孔子看来,为政者要有良好的品格,并能始终坚持以德治国,才会有崇高的威望,使万民敬仰,安邦定国。"为政以德,譬如北辰,居其所而众星共之。"①正是因为尧的功德无量,才使得他为民众崇拜和拥护,被后世称为圣人,并为后人所效法。

孟子则抬高对舜的评价,将他塑造成为一个"大孝"的典范,反映了孟子对前人"孝"的思想的继承和发展。孔子是儒家孝道理论的鼻祖,曾子是儒家"孝"理论的集大成者,至孟子则对儒家孝道理论进行了充分的继承和发展,将人们的"孝"提高到一个空前的高度。他认为如果人人都向舜学习,尽力做到"孝弟",天下就可以达到"人人亲其亲,长其长,而天下平"的境界。在这些儒家大师们的倡导下,"孝"的观念在人们心目中的地位越来越高,至汉代形成了以"孝"治天下的理论,使孝道和政治思想的结合达到顶峰。

综上可知,早期儒家代表人物孔子和孟子对尧舜禹给予了极高的评价,但二人在评价和论述尧舜禹的时候又由于其思想的不同显示出一些细微的差别。这些不同是对前人思想的发展,也是儒家思想在不同时代背景下所表现出的流变的一个方面。

‖作品来源‖

发表于《黄河文明与可持续发展(第六辑)》2013年第12期。

---

① 杨伯峻:《论语译注》,中华书局,1980年。

论《孔子家语》中的颜回形象
——兼与《论语》《庄子》中颜回形象比较

梁春红

导 读

　　《孔子家语》中记录的颜回，崇礼重德，尊师行"仁"，善于自化融会知识以"足发"，还有他含民本倾向的政治思想，"不迁怒""不贰过"的好学精神，贫而不忧的处世态度都使其在后世树立了高大形象。《孔子家语》与《论语》和《庄子》中记录的颜回形象有所互补或差异，对这些互补或差异性进行简要的比较探讨也是十分必要的，可以帮助我们更加深入全面地了解颜回形象及其对后世儒家思想发展的重要影响。

　　因为年代的久远，先秦儒家的许多典籍或是因为后代的传抄、刻印过程中出现脱、误、讹等现象，或是后学不断加工而成，或是后人"托长者之言以自重"，致使许多著作被定为"伪书"。但是，在进入到具体研究过程中时，又会发现一些被定为"伪"的材料原是可信的、不可或缺的，这样就出现了一种比较尴尬的现象，那就是一些书明知是"伪书"，却"历千年而不能废也"。《孔子家语》就是这样一部著作。《四库全书总目·孔子家语提要》中记"王柏家语考曰：'四十四篇之《家语》，乃王肃自取《左传》《国语》《荀》《孟》二《戴记》割裂织成之。孔衍之《序》，亦王肃自为也……反复考证，其出于肃手无疑。特其流传既久，且遗文轶事，往往多见于其中，故自唐以来知其伪而不能废也。"[①]现代的研究中同样如此，尽管不少学者还没有真正看到《孔子家语》成书的真相，但在相关的研究中仍然不能对其视而不见，往往不得不引用该书的材料作为旁证。因此，在

---

① 纪昀：《四库全书兑目提要·子部一·儒家类：家语提要》，中华书局，1965年。

《孔子家语》"伪书"说已经根本动摇的今天，我们展开对《孔子家语》中颜回形象的讨论是十分有价值的。

《孔子家语》中记录的颜回，形象鲜明。一方面，他有远大的政治理想，且已具民本倾向；另一方面，他崇礼行"仁"，尊师重德。此外，他还勤学好问，善于自化融会知识。他被后世尊为通六艺的七十二贤人之首，其他弟子都自叹不如。曾子曾说"吾无颜氏之言""吾无颜氏之才"，连老师孔子都称赞他："自吾有回，门人日益亲。"颜回是贤者、儒者、君子、德行的榜样。本文拟就以下几个方面对《孔子家语》中颜回形象进行详论。

（一）秉承儒家的政治思想，且具有民本倾向

首先，颜回政治抱负远大，具有儒家的积极的入世精神。颜回一生并未从政，但他并不是没有从政的愿望和能力。孔门是主张"学而优则仕"的，颜回作为孔门弟子之一，不能不受其影响。《孟子·滕文公上》记其语曰："舜何人也，予何人也；有为者亦若是！"显然，颜回与舜"同道""所追同一"，赞赏舜"无为而治"，即后来儒家所倡导的以"民"为本的"王道"政治思想。他尝曰："昔舜巧于使民，而造父巧于使马。舜不穷其民，造父不穷其马；是舜无失民，造父无失马也。"①《孔子家语》中所记载的"颜回言志""颜回将西游于宋"，还有颜回所说的"夫子之道甚大，故天下莫能容"等，都可见颜回信道诚笃，坚定不移，积极地以儒家入世精神为尚的政治愿望。

其次，在施行自己具体的政治主张时，颜回主张"以德治国"。在《孔子家语·致思》篇的记载中，颜渊、子路、子贡三人应其师孔子的要求，谈及各自的政治志向。颜渊表达了如下志向："回闻薰莸不同器而藏，尧桀不共国而治，以其类异也。回愿得明王圣主辅相之，敷其五教，导之以礼

---

① ［三国魏］王肃：《孔子家语》，中州古籍出版社，1991年。

乐，使民城郭不修，沟池不越，铸剑戟以为农器，放牛马于原薮。室家无离旷之思，千岁无战斗之患，则由无所施其勇，而赐无所用其辩矣。"①孔子对他们三人各有评论，对子路的评是"勇哉！"对子贡的评论是"辩哉！"而对颜渊的评论则是"美哉！德也"。并且表示更加赞赏颜渊的"不伤财，不害民，不繁词，则颜氏之子有矣"。②

再次，颜回向往上下同心，百姓安乐，具有明显的民本倾向。《韩诗外传》卷七第二十五章记颜渊之言曰："主以道制，臣以德化，君臣同心，内外相应。列国诸侯，莫不从义向风，壮者趋而进，老者扶而至。教行乎百姓，德施乎四蛮，莫不释兵，辐辏乎四门。天下咸获永宁，虫宣飞蠕动，各乐其性。进贤使能，各任其事。于是君绥于上，臣和于下，垂拱无为，动作中道，从容得礼。言仁义者赏，言战斗者死。"③颜回所勾勒的这一社会蓝图，是一个崇尚仁义、和谐的理想社会。在这里，君要践行"与民同乐，以德治国，以理服人"的施政纲领，谨记"民老有所养，壮得其所，幼有所学，宽政济民"的民本思想。④

（二）崇礼行"仁"，尊师重德

礼是外在的法制，仁是内心的需求。一个人是否尊礼与讲仁，更关键的是体现在行动中，就是要行动合于礼数，真正地去身体力行仁义。《孔子家语·颜回》记载："颜回谓子贡曰：'吾闻诸夫子身不用礼而望礼於人，身不用德而望德於人，乱也。夫子之言，不可不思也。'"⑤。颜回在指责子贡的同时，也表明了自己的立场，他是自觉遵守礼制、坚守德行的，坚决不"身不用礼而望礼于人，身不用德而望德于人"。这也正是孔子所推崇"仁"的境界。《论语·颜渊》中记载："颜回问仁。"子曰：'克己复礼为仁。一日克己复礼，天下归仁焉。为仁由己，而由人乎哉？'颜渊曰：'请问其目。'子曰：'非礼勿视，非礼勿听，非礼勿言，非礼勿动。'颜渊曰：'回

---

① ② ⑤ ［三国魏］王肃：《孔子家语》，中州古籍出版社，1991 年。
③ 《丛书集成初编·韩诗外传》，中华书局，1985 年。
④ 刘佳：《〈论语〉中的颜回形象经典重释》，安徽文学，2009（10）。

虽不敏，请事斯语矣。'"①明人何良俊云："孔子答群弟子问仁，皆因病而药。独颜渊问为仁，则真有切实力行之意，故孔子亦以切实力行告之曰克己复礼曰仁……"②可见，这种"由己"之仁，并非易事，孔子对颜回的回答，侧面也反映了颜回的过人之处。

那么，颜回是如何践行他的仁义观念的呢？他认为仁者的言语如果想启发别人，有助于别人的智慧，就必须预先对事物进行分析，自己有了把握才说给别人；如果想有助于别人也成为仁义之人，就必须拥有一颗博大的心胸，宽恕他们所犯的错误，不厌其烦地指导他们往仁义的方向靠近。即《孔子家语·颜回》中所说的"一言而有益於智，莫如预；一言而有益於仁，莫如恕。夫知其所不可由，斯知所由矣"③。

孔门弟子尊师的风尚为历代人所推重，颜回更是紧随孔子，视之若父。颜回深深体会到孔子思想的伟大与精深，所以对老师所讲的每句话都不懈怠，在他短暂的一生中不断提高自身的修养。子贡称赞他曰："夫能夙兴夜寐，讽诵崇礼，行不贰过，称言不苟，是颜回之行也。孔子说之以《诗》曰：'媚兹一人，应侯慎德，永言孝思，孝思惟则。'"④这是对颜回德行的真实评价，是说颜回的德行，足以媚爱天子。也正因为如此，在孔子所分的弟子四科中，颜回被冠以"德行之首"。

（三）勤学好问，善于自化融会知识

孔子本人曾释"好学"云："君子食无求饱、居无求安，敏于事而慎于言，就有道而正焉，可谓好学也矣。"⑤，颜回正是这一解释的典范。《论语·先进》记："季康子问曰：'弟子孰为好学？'孔子对曰：'有颜回者好学，不幸短命死矣，今也则亡。'"子贡也说颜回勤勉于学，"夙兴夜寐，讽诵崇礼"（《大戴礼记·卫将军文子》）。至于好问，在《孔子家语》中体现尤为明显，《颜回》篇里提到颜回问完美的人格应该具备怎样的德行，问臧文仲、臧武仲谁更贤明，问君子应该具备的品格，问小人的行为，问如何区分似于君子

①④⑤ ［清］刘宝楠：《论语正义》，河北人民出版社，1987年。
② ［明］何良俊：《四友斋从说》，中华书局，1965年。
③ ［三国魏］王肃：《孔子家语》，中州古籍出版社，1991年。

的小人之言,《弟子行》篇还提到颜回问怎样修身。颜回在各个方面都严格地要求自己,所以最终成就了其完美的人格、君子的品行、儒者的风范。而且颜回的早死,与他的这种苦学精神是有很大关系的,王充即认为"颜渊困于学,以才自杀"[①]。

《论语·为政》中记载,孔子曰:"吾与回言终日,不违,如愚。退而省其私,亦足以发。回也不愚。"[②]颜回不仅"不愚",而且聪敏过人,他能通过"内省",即倾注自己全部内在力量去思考、检讨,不断深化对自身的认识,及对所思者有全面而又深刻的领悟。《孔子家语》里记载这方面的事例有两则:

其一,颜回"以政"而预知东野毕的马会跑。鲁定公问颜回是否听说东野毕善御,颜回说善是善,但他的马肯定会跑。定公很不高兴,认为颜回是妄说。三天后,东野毕的马果然跑了,定公很诧异,就问颜回怎么能预知。颜回告诉他说,为御者应该像造父那样"不穷其马力","自古至今,未有穷其下而能无危者",而观东野毕之御,"马非为车步骤驰骋,朝礼毕矣,历险致远,马力尽矣,然而犹乃求马不已"[③],所以能知道。其二,颜回"以音"而推知哭者之声为什么甚哀。孔子在卫时,颜回侍奉在侧,一次天还很早,他们听到有人十分哀痛地在哭,孔子就问颜回是否知道哭者为何如此悲伤。颜回认为是"非但为死者而已,又有生离死别者也"。孔子又问他为什么这么说,颜回答曰:"回闻桓山之鸟,生四子焉,羽翼既成,将分于四海,其母悲鸣而送之,哀声有似於此,谓其往而不返也。"[④]孔子使人询问,果然如此。

颜回在认知过程中不仅能"闻一知十",而且更能择善弃恶、去伪存真、融会贯通,最终将自己所认同的真、善、美深植于心,并发而为言行,用于指导自己的实践活动,达到学以致用的效果。

① 高专诚:《孔子,孔子弟子》,山西人民出版社,1989年。
② 〔清〕刘宝楠:《论语正义》,河北人民出版社,1986年。
③④ 〔三国魏〕王肃:《孔子家语》,中州古籍出版社,1991年。

二

在论述颜回形象时，由于其资料散见于各处，记载需作真伪辨别，侧重也有所不同，不易从一处获得整体认知，在论述时有必要与其他典籍中的记载进行横向比较，所以，现将《孔子家语》中的记载与《论语》《庄子》中的记载进行简单的比较，以求更全面地了解颜回的形象。

（一）《孔子家语》与《论语》中的颜回形象比较

《孔子家语》与《论语》中记载的颜回的许多事迹有很大的一致性，如在《孔子家语》《论语》中颜回都有重德崇礼、好学尊师、力践仁义的品行，也都可见其从政的愿望，但是在另外一些方面，两者又是起参见或相互补充作用的。如《论语》中几处提到颜回"贫而乐道"。《论语·雍也》篇记载："子曰说：'贤哉，回也！一箪食，一瓢饮，在陋巷，人不堪其忧，回也不改其乐。贤哉，回也。'"《论语·先进》篇记载："子曰：'回也其庶乎，屡空。'"一竹筐饭，一瓜瓢水，别人都受不了那穷苦的忧愁，颜回却不改变他自有的快乐，在穷研夫子之道、对知识的渴求中，忘记了生活的清苦，这与孔子"饭疏食饮水，曲肱而枕之，乐亦在其中"的心境相通，被称为"孔颜乐处"。这是颜回形象非常重要的一方面，但是，《孔子家语》中并未提到，这对于认识《孔子家语》中颜回形象有很好的辅助作用。而《孔子家语》中提到颜回能通过"内省"对所思者有全面而又深刻的领悟的两则事例，又并未见于《论语》。还有《论语》中记载颜回问孔子的问题，与《孔子家语》中也不同，但是我们应该认识到，问"仁"包括问君子、小人等各方面，可以说总纲与目的关系，并没有思想上的根本不同。

（二）《孔子家语》与《庄子》中的颜回形象比较

《孔子家语》中颜回形象与《庄子》有相同方面，也有不同的地方。比如《孔子家语》中记载的颜回是有着强烈的入世愿望的，但《庄子·让王》

中则记载颜回是不愿出仕的，他说"所学夫子之道者足以自乐也。回不愿仕"。还有《庄子·至乐》中记载颜回东至齐时，孔子说："昔者管子有言，丘甚善之，曰：'褚小者不可以怀大，绠短者不可以汲深。'夫若是者，以为命有所成而形有所适也，夫不可损益……名止于实，义设于适，是之谓条达而福持。"①就是说，性命有它形成的道理，形体有它适宜的地方，人应该追求个性的自由，按照自己的天性去发展，一切事物一切人都要名实相符，要适性而存在。这显然是说颜回不适合做官，不应该勉强自己，而使自己有招来杀身之祸的危险，侧面反映了颜回"无为"的性格特征。可以说，《庄子》中的颜回更接近于道家，庄子是完全按照自己的思想在塑造颜回，其中有真实的成分，但是明显有所夸大，与儒家所记载的颜回形象还是有很大差别的。正如《庄子·人间世》所说："（颜回、仲尼）其根由事迹偏在儒史，今既解释庄子，意在玄虚，故不复委碎载之耳。然人间世绪，纠纷实难，接物利他，理在不易，故寄颜孔以显化导之方，托此圣贤以名心斋之术也。"②但是，另一方面，《孔子家语》中记载颜回好学，《庄子》里也有类似的记载，《田子方》篇就记载颜回跟随孔子求学，努力达到"夫子步亦步也，夫子言亦言也，夫子趋亦趋也，夫子辩亦辩也，夫子驰亦驰也"的程度。③《孔子家语》中记载孔子被困"陈蔡之间"时，颜回说"世不我用，有国者之丑也，夫子何病焉？不容，然后见君子"，与《庄子·让王》的材料相统一，就是那种达观、洒脱，对现实各种困难泰然处之的人生态度。还有《庄子》中的《人间世》《大宗师》篇中比较具体地描写了颜回"修道"达到"心斋""坐忘"的境界，这与《孔子家语》中颜回重视修身的品行是一致的。

《论语·述而》中孔子称颜回曰："用之则行，舍之则藏。"这应该是对颜回形象最全面恰当的写照。心怀远大志向，积极入世，以德治国，关心民众。但是，身逢"世不我用"之时，颜回能"虽数空匮而乐在其中"，跟随老师数十载，孜孜不倦地学习为人、治学、修身、行仁之道，以修身

① ［清］王夫之：《王孝鱼点校·庄子解》，中华书局，1963 年。
② 郭庆藩：《庄子集释（第一册）》，中华书局，1982 年。
③ 姜波：《颜回形象比较研究——以〈论语〉〈庄子〉为中心》，《学习与实践》，2009（6）。

见于世。颜回存志于心，践仁于行，融智于为，在孔子的眼中，只有颜回能担得起"仁"的责任。颜回死后，甚至逐渐形成了以他为首的"颜氏之儒"一派，代表孔学之内圣境界，极大地推动了儒家思想的发展，千百年来影响巨大。

‖作品来源‖

发表于《文教资料》2011 年 12 月下旬刊。

第五章

拓展阅读·成语赏析

《论语》成语研究

曹瑞芳

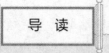

《论语》一书共留给今天 384 条成语，对后代汉语语汇的丰富和发展有着重大而深远的影响，其特点为数量大、结构形式全、语法功能多、含义稳定，在先秦古籍中颇为少见。本文对《论语》成语的源流、结构、语法功能、意义变化等各个方面进行了深入的探讨研究。

《论语》是研究上古汉语的重要语料，《论语》中的成语对后代汉语词汇的丰富和发展有着重大而深远的影响，其数量之大、结构形式之全、语法功能之多，在先秦古籍中实为少见。研究《论语》成语，对我们把握《论语》一书的语言特色、理解其深邃的内涵、加深对《论语》在汉语史上的地位的认识，都将是有益的。

《论语》全书共 20 篇，15957 字①，形成成语 384 条②。本文拟就源流、结构、语法功能、意义变化诸方面对《论语》成语作一些探析。

一、《论语》成语的源流

《论语》成语三百多条，究其源流，有以下几种情况：

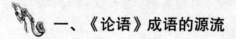

① 此数字系笔者统计所得。杨伯峻先生《孟子译注·序》统计为 12700 字，疑有误。

② 此数字的核定参阅了《中国成语大辞典》（上海辞书出版社）、《成语词典》（江苏人民出版社）、《成语典故》（辽宁人民出版社）三部辞书。

1. 源于经书的成语

《论语》源于经书的成语共 10 条。与原经书比较，它们可分为两类：

（1）直接援引原经书的成语

暴虎冯河　最早见于《诗经·小雅·小旻》："不敢暴虎，不敢冯河，人知其一，不如其它。"《论语·述而》引："子曰：'暴虎冯河，死而无悔者，吾不与也。'"

战战兢兢、如临深渊、如履薄冰这三个成语最早都见于《诗经·小雅·小旻》，《论语·泰伯》引："曾子有疾，召门弟子曰：'启予足！启予手！'诗云：'战战兢兢，如临深渊，如履薄冰。'而今而后，吾知免夫！小子！"

各得其所　最早见于《周易·系辞下》，《论语·子罕》引："子曰：'吾自卫反鲁，然后乐正，《雅》《颂》各得其所。'"

（2）源于经书又加改变的成语

未成一篑　《尚书·旅獒》有"为山九仞，功亏一篑"语，《论语·子罕》作："子曰：'譬如为山，未成一篑'。"改"功亏"为"未成"。

墙面而立　《尚书·周官》有"不学墙面"语，《论语·阳货》作"人而不为《周南》《召南》，其犹正墙面而立也与？"在原词前加"而立"。

求备一人　《尚书·君陈》有"无求备于一夫"语，《论语·微子》作"故旧无大故，则不弃也。无求备于一人"。改"夫"为"人"。

惠而不费　《左传·襄公二十九年》有"广而不宣，施而不费"语，《论语·尧曰》作"因民之利而利之，斯不亦惠而不费乎？"改"施"为"惠"。

富而无骄　《左传·定公十年》有"富而不骄者鲜，吾唯子之见"语，《论语·学而》作"子贡曰：'贫而无谄，富而无骄，何如？'"改"不"为"无"。

2. 《论语》首创的成语

《论语》首创的成语，指后世沿用原书文字，保留原有语法结构而形成的成语，也叫原型成语。如：

不亦乐乎　出自《学而》："有朋自远方来，不亦乐乎？"

周而不比　出自《为政》："君子周而不比，小人比而不周。"

每事问　出自《八佾》："子入太庙，每事问。"

这类成语共 158 条，每篇都有，如一则以喜，一则以惧（《里仁》），不念旧恶（《公冶长》），能近取譬（《雍也》），弋不射宿（《述而》），犯而不校（《泰伯》），空空如也（《子罕》），食不厌精，脍不厌细（《乡党》）。这类成语占《论语》成语的 41%，是《论语》成语的重要组成部分，也是下面出自《论语》的成语的一个来源，大大丰富了汉语的词汇量。

3. 出自《论语》的成语

出自《论语》的成语，指来源于《论语》，但又经后人加工、提炼而形成的成语。据考察分析，后人主要采用了以下几种方式形成这类成语。

（1）概括法

即选取原句中最能概括全句或全段意义的成分组成成语。如：

众星拱辰　出自《为政》："为政以德，譬如北辰，居其所而众星共之。"（"拱"古作"共"）

安老怀少　出自《公冶长》："老者安之，朋友信之，少者怀之。"

（2）减字法

将原句中的虚字和不影响意义的实字删减而成的成语。如：

节用爱人　出自《学而》："道千乘之国，敬事而信，节用而爱人，使民以时。"

举直错枉　出自《为政》："孔子对曰：'举直错枉，则民服；举枉错诸直，则民不服。'"

（3）增字法

在原句词语的基础上增加适当的字而构成成语。如：

异端邪说　出自《为政》："子曰：'攻乎异端，斯害也已。'"在"异端"后加"邪说"。

中庸之道　出自《雍也》："中庸之为德也，其至矣乎！"在"中庸"后加"之道"。

（4）换字法

将原型成语（即首创成语）中的字更换形成另一成语。如：

随心所欲　出自《为政》："六十而耳顺，七十而从心所欲，不逾矩。"

将"从"换作"随"。

有始有终　出自《子张》："有始有卒者，其惟圣人乎？"将"卒"换作"终"。

（5）改意法

将原文中否定意义的词句改为肯定意义构成成语。如：

见义勇为　出自《为政》："见义不为，无勇也。"改"无勇"为"勇"，"不为"为"为"。

周急继乏　出自《雍也》："若不周急不继富。"改"不继富"为"继乏"。

（6）调序法

将原型成语或后出成语调换顺序构成成语。如：

尽善尽美　出自《八佾》："子谓《韶》，'尽美矣，又尽善也。'""尽美尽善"后人调换为"尽善尽美"。

不咎既往　出自《八佾》："成事不说，遂事不谏，既往不咎。""既往不咎"后人调换作"不咎既往"。

（7）合并法

将分见《论语》一书两篇或两章的词语各取一部分合成一个成语。如：

疏水箪瓢　出自《述而》："饭疏食饮水，曲肱而枕之，乐亦在其中矣。"又《雍也》："一箪食，一瓢饮，在陋巷，人不堪其忧，回也不改其乐。"取前"疏水"取后"箪瓢"合成"疏水箪瓢"。

九合一匡　出自《宪问》："桓公九合诸侯。"又《宪问》："管仲相桓公，霸诸侯，一匡天下。"取前"九合"取后"一匡"合成"九合一匡"。

出自《论语》的成语共 197 条，占《论语》成语的 51%。

4. 后人解释、概括《论语》语句而形成的成语

《论语》作为十三经之一，研读者甚众，其中一些注释解说语句又形成了《论语》成语的又一分支。如：

有则改之，无则加勉　《论语·学而》："曾子曰：'吾日三省吾身——为人谋而不忠乎？与朋友交而不信乎？传不习乎？'"朱熹注："曾子以此三者日省其身，有则改之，无则加勉。"作为成语加以沿用。

一息尚存　《论语·泰伯》："仁以为己任，不亦重乎？死而后已，不亦远乎？"朱熹注："一息尚存，此志不容少解，可谓远矣。"后人将"一息尚存"作为成语而沿用。

以这种方法形成的成语共 14 条，占《论语》成语的 3.8%。

5.后人概括《论语》全书而形成的成语

以这种方法形成的成语共 2 条：

半部《论语》治天下　宋·罗大经《鹤林玉露》载："赵普再相，人言普山东人，所读止《论语》……太宗尝以此论问普。普略不隐，对曰：'臣平生所知，诚不出此。昔以其半辅太祖定天下，今欲以其半辅陛下致太平。'"后人由此概括为"半部《论语》治天下"，并成为成语。

意味深长　宋·朱熹《论语序说》："程子（颐）曰：'颐自十七、八读《论语》，当时已晓文义。读之愈久，但觉意味深长。'"后人将"意味深长"作为成语沿用。

6.后人将《论语》中的词语和其他书的词语比并而形成的成语

这类成语共 3 条：

成仁取义　出自《论语·卫灵公》："志士仁人，无求生以害仁，有杀身以成仁。"又《孟子·告子上》："生，吾所欲也：义，亦吾所欲也，二者不可得兼，舍生而取义者也。"取《论语》"成仁"与《孟子》"取义"并为"成仁取义"。

门墙桃李　出自《论语·子张》："夫子之墙数仞，不得其门而入，不见宗庙之美、百官之富。"又见汉·韩婴《韩诗外传》："夫春树桃李，夏得阴其下，秋得食其实。"取《论语》"门墙"与韩诗"桃李"比并为"门墙桃李"。

上述方法形成的成语，构成了《论语》成语语库。

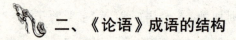 二、《论语》成语的结构

《论语》成语的结构，可以从以下两个角度进行分析：

1. 从音节的数目分析

从音节的数目分析，《论语》成语有四音节和非四音节两类。其中四音节 342 条，非四音节 42 条。

四音节是《论语》成语的基本形式，占《论语》成语的 91%。

2. 从语法结构分析

从语法结构分析，首先可以把《论语》成语分为两大类：第一类是两截的成语，第二类是一体的成语。

下面分别而论。

（1）两截的成语

两截的成语，指可以从结构上将成语分为两截，其中两截之间的关系有如下几类：

1）并列关系

①主谓并列　任重道远　名正言顺　风行草偃

②动宾并列　贤贤易色　兴灭继绝　举一反三

③定中并列　朽木粪土　志士仁人　恶衣粗食

④状动并列　道听途说

⑤谓补并列　道德齐礼　讷言敏行　博文约礼

2）承接关系　温故知新　计过自讼　举枉错直

3）目的关系　杀身成仁　克己复礼　择善而从

4）对举关系　生荣死哀　患得患失　色厉内荏

（2）一体成语　一体成语，指整个成语不能分为两截，依词语间的关系有以下几种情况。

1）主谓关系

①主谓型　下愚不移　血气方刚　匏瓜空悬

②主谓宾型　一言兴邦　岁不我与　驷不及舌

③主谓补型　祸起萧墙　虎兕出柙

2）谓宾关系

①状谓宾型　多闻阙疑　片言折狱　枉道事人

②谓宾型　好行小慧　恶紫夺朱　成人之美

③谓宾补型　诲人不倦　迁怒于人

3）谓补关系　了如指掌　乐以忘忧　简在帝心

4）偏正关系　一隅之见　斗筲之人　岁寒松柏

5）并列关系　直谅多闻　温良恭俭　刚毅木讷

6）兼语关系　举直错枉　推己及人　舍己为人

三、《论语》成语的语法功能

《论语》成语，在《论语》文章中可以充当以下几种句子成分。

1. 充当主语，如：

①刚、毅、木、讷近仁。（《子路》）

②虎兕出于柙，龟玉毁于椟中，是谁之过与？（《季氏》）

2. 充当谓语，如：

①君子不以言举人，不以人废言。（《卫灵公》）

②邦分崩离析，而不能守也。（《季氏》）

3. 充当宾语

（1）充当动词宾语，如：

①可以托六尺之孤，可以寄百里之命……（《泰伯》）

②色厉而内荏，譬诸小人，犹穿窬之盗也与？（《阳货》）

（2）充当介词宾语，如：

①夫子温、良、恭、俭、让以得之。（《学而》）

②射不主皮，为力不同科，古之道也。（《八佾》）

4. 充当定语，如：

①子曰："无为而治者其舜也与？"（《卫灵公》）

②暴虎冯河，死而无悔者，吾不与也。（《述而》）

5. 充当状语，如：

①而今而后，吾知免夫！（《泰伯》）

②必不得已而去，于斯三者何先？（《颜渊》）

除充当句子成分外，《论语》成语还有的可以独立成句，如：

①己所不欲，勿施于人。（《卫灵公》）

②人无远虑，必有近忧。（《卫灵公》）

四、《论语》成语的意义

《论语》成语的意义，绝大多数仍保留着原书的原义，只有极个别的成语意义发生了变化，如：

文质彬彬　原指人朴质和文采配合协调。后指人举止文雅，态度端庄从容。

不亦乐乎　原指"不也是很快乐的吗"，后表示极度、非常、淋漓尽致的意思。

《论语》成语意义少有变化，说明了《论语》成语有着顽强的生命力，也表明《论语》成语在汉语史上有着长久稳固的地位。

作品来源

发表于《山西大学学报》1996 年第 3 期。

《论语》中成语的文化内涵

黄碧玉

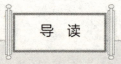

> 儒家文化是中国传统文化的主干，《论语》是儒家文化的载体。《论语》中包含了三百五十多个成语，这些成语因其深厚的文化内涵和积极的教育意义被广为传诵，流传至今。对这些成语进行大致归类，并从"礼""仁""中庸"和教育等方面探讨其文化内涵是很有意义的。

　　《论语》是儒家经典名著之一，记录了孔子及其弟子的言行，包含了儒家特别是孔子的世界观、价值观、政治观和教育观。作为一部语录体著作，《论语》由简练、含蓄的语句写成，经过提炼、浓缩可以得到很多成语。这些成语因其深厚的文化内涵和积极的教育意义，广为传诵，流传至今。

　　《论语》全书仅二万余字，以《汉语成语大全》为参照，整理出有成语三百五十多个。从内容上看，有些直接涉及伦理道德、品行修养、思想观念、教育学习、社会政治和人生感悟等方面，有些则通过与饮食、服饰、建筑和植物等有关的成语来间接体现。从结构上看，有的是《论语》中的原文原字，有的是后来经过增字、减字或改字变化而成的，还有的是后人根据其原文意思浓缩、提炼创造出来的。本文在统计成语的数量时，将一些表达意思相近但语言结构稍有不同的成语，如"北辰星拱""众星拱辰"和"众星拱北"，算作一个个独立的成语而不归并为一个，在论述时以"北辰星拱"一个成语来代表三个成语。还有一些由两个可以单独运用的成语构成的成语组，如"食无求饱，居无求安"，其中"食无求饱""居无求安"各是成语，可以单独使用，那么它们就算作三个成语，在统计数量时分开计算。本文把这三百五十多个成语就其内容进行大致归类,同时,主要从"礼""仁""中庸"和教育等方面,探讨它们的文化内涵。《论语》中的成语大致可以分为四类:伦理道德类、思想观念类、教育学习类和社会政治类。

一、伦理道德类

《论语》是儒家文化的载体,文中体现儒家文化的成语很多,几乎贯穿于每篇,如"入孝出悌""温良恭俭让""节用爱人""见义勇为""父母在,不远游""不在其位,不谋其政""克己复礼""己所不欲,勿施于人""出门如宾""四海之内皆兄弟"等。

儒家文化的核心内容是"礼"与"仁"。礼,就是人们进行社会活动和社会交往时应该遵循的规范。仁,就是爱他人,爱自己认为应当爱的人,即具有仁爱、仁慈和仁孝之心。以礼、仁为核心和根基,儒家文化进而揭示了小至个人自身、家庭内部,大至朋友、亲戚、处世,以及对国家、天下等人们应当遵循的规范及应有的人伦道德,如孝、慈、悌、忠、信、节、义、廉、耻等,形成了尊老爱幼、父慈子孝、兄友弟恭、以仁处世、里仁为美和忠国爱家的伦理道德。

在中华文明发展史上,礼,是形成得最早,也是最重要的社会规范,其渊源可追溯至中华民族的上古时代。据有关文献,早在伏羲时代,即上古时期,由于原始宗教的产生以及对人群及社会进行管理、治理的需要,出现了礼的规范以及性禁规等。《世本·作篇》载:"伏羲制以丽皮嫁娶之礼。"[1]《路史·后纪》载:"正姓氏,通媒妁,以重万民之丽。丽皮荐之,以严其礼,示合姓之难,拼人情之不渎。"[2]礼的出现对后来中华文明以及儒家文化有着重大的影响,同时,在我们的先人由原始蒙昧状态向文明的过渡中也起着十分突出的作用。中华民族之所以被称为"礼仪之邦",与古代特别是夏、商、周三代主要靠"礼"对社会进行规范、治理和统治关系

---

① ［汉］宋衷注,［清］秦嘉谟等辑:《世本八种》,商务印书馆,1957年。

② ［宋］罗泌,［明］吴弘基订:《路史》,《光绪甲午校宋本编印》,1894年。

极大。由《论语》及其成语可以看出，孔子十分崇尚"礼"，主张克己复礼，即克制、修养自己，维护、尊重礼的规范和社会秩序，并将"礼"作为自己创立的儒家文化的核心之一。

在孔子眼中，礼与仁是合为一体、不能分开的，正如他在《论语·颜渊》中对"仁"下定义时说的："克己复礼为仁。"从这个定义来看，"仁"应该由两部分组成，即"克己"与"复礼"。"克己"包括哪些内容？通观《论语》，"言而有信""知过能改""温良恭俭让""己所不欲，勿施于人""内省不疚""言必信，行必果"等，这些可以说是"仁"的本质和内核。"复礼"也就是合乎礼的规范和要求。"礼"具体包括哪些内容？从《八佾》篇和《乡党》篇可以看到君臣之礼，臣与臣之礼，接送使节之礼，升堂之礼，执圭之礼，服礼、斋戒之礼，饮食起居之礼，待友之礼等。《论语》中关于"礼"的成语有"富而好礼""是可忍，孰不可忍""杞宋无征""告朔饩羊""博文约礼""升堂入室""克己复礼"等。中国的等级观念极为强烈，人们非常重视亲疏远近、男尊女卑的社会阶级关系，而"礼"的关键就是要通过人与人之间的行为规范区别出高低贵贱。中国这种错综复杂的宗族血缘关系制造了千丝万缕的人际纠葛，使中国人活得很累，很不自由。但是，从另一方面看，又使得中国人在世俗生活中有着更多的情感联系和精神寄托，使他们寻找到生命存在的依靠，心灵上感受到亲情的存在，从而获得一种踏实感和满足感。这或许正是儒家文化两千多年来一直居于中华文化主流地位的原因所在。

"仁"是儒家文化的另一核心。春秋时代，人们把"仁"视为美德。《论语》中直接谈"仁"的成语有"求仁得仁""智者乐水，仁者乐山""杀身成仁""当仁不让""观过知仁""色仁行违""志士仁人"等。所谓"仁"，许慎《说文解字》解释为"亲也，从人从二。"①也就是说，儒学的本质是一种伦理学，所要探讨的是人与人之间的关系。在孔子看来，人与人之间的正常关系应该是一种"爱"的关系。《颜渊》中樊迟问仁，子曰："爱人。"一方面，这种爱来源于父子、兄弟之间的血缘关系，是一种世俗的情感，另一

——————
① ［汉］许慎：《说文解字》，中华书局，2007年。

方面，这种爱会随着血缘关系的远近而有所不同，是一种爱有差等的情感。"人与人之间在物质层面上的基本关系应该是互惠的而非交换的，是有别的而非对等的，是情感的而非契约的；人与人在精神层面上的基本关系则应是仁爱的而非博爱的，也就是爱有差等而非一视同仁的。例如，父母可以通过责骂的方式来表达对子女的关心，子女却不能运用同样的方式来表达对父母的孝敬。'关心'和'孝敬'都有爱，但却不能颠倒其表现方式，二者之间是可以沟通的，但又不是等价交换的。"①在这种相互依赖的人际关系中，只有这种"仁爱"才能实现儒家有等级、有秩序的社会理想，实现"仁"与"礼"的统一。由孔子最初创立的以礼和仁为核心的儒家文化，给人们带来了文明的生活方式和丰富的社会内容，从而使之与野蛮人区别开来。在两千多年的历史进程中，儒家始终以积极主动的姿态建构着以礼、仁著称的中国文化。

二、思想观念类

中庸，是中国思想史上具有重要意义的方法论，也是儒家传统的行为规范之一。在儒家学者的心中，"中庸"是一种很高层次的精神境界和行为准则。《论语》中体现中庸思想的成语有"食无求饱，居无求安""学而不思则罔，思而不学则殆""乐而不淫""哀而不伤""中庸之道""食不厌精，脍不厌细""言必有中""过犹不及""欲速则不达""既来之，则安之""隐居求志""允执其中"等。

在《论语》中，孔子曾认为"中庸"是非常高尚的道德。《雍也》："中庸之为德也，其至矣乎！民鲜久矣。"但是，至于这种道德是什么样的，他并没有具体论述。朱熹在《四书集注》中解释："中者，无过、无不及之名也。庸，平常也。"②结合儒家典籍，可以把"中庸"理解为懂得客观规律，按规律办事，事事都能适当处理，不偏不倚，不随心所欲，不肆无忌惮。"古

---

① 陈炎：《多维视野中的儒家文化》，山东教育出版社，2006年。
② ［宋］朱熹：《四书集注》，凤凰出版社，2005年。

人认为，生活都以居中为好，吃饭太饱不好，饿着更不行；穿衣太暖不行，冻着也不对。住房窄小不行，太大也不好，地基太低则潮湿，太高则干燥。处处想到中，就可以适中。这种思维方法可以用于治国，也可以用于养身。"①在学与思的关系上，孔子说："学而不思则罔，思而不学则殆。""罔"与"殆"，都是偏倚的结果，坚持"中"的原则，就要好学深思，学思并重。具体到人格塑造上，《尧曰》："君子惠而不费，劳而不怨，欲而不贪，泰而不骄，威而不猛。"费、怨、贪、骄和猛，都是偏倚的表现和品质，要坚持中庸的思想，做到给人民好处，而自己却无所耗费；劳动百姓，百姓却不怨恨；自己欲仁欲义，却不能叫作贪；安泰矜持却不骄傲；威严却不凶猛。

此外，在《述而》中，孔子的弟子这样描述孔子："子温而厉，威而不猛，恭而安。"意思是孔子温和而严厉，有威仪而不凶猛，庄严而安详。孔子一生都在以"中庸"的道德标准严格塑造自己。中国是个追求"和"的民族，"儒家的'中庸'思想旨在通过限制量变而防止质变的形式来保持现有秩序的平衡和稳定"②，于是在我与人、人与人、国与国之间主张采取一种中庸调和的方法。孔子主张"和而不同"，反对"同而不和"。其中，"和，就是和谐相处；同，就是同流合污"。③具体地说，"同"，就是与别人完全相同，没有自己的独立见解，缺乏自主性。实际上，每个有思想的人都不可能与别人的意见完全相同，只是不说出自己的看法。表面上伪装成与别人相同，隐瞒自己的观点，企图讨好别人，这是小人"同而不和"。相反，君子是"和而不同"的。"和"，是不同的意见经过协调，达成一致。不论在一个团体中的人际关系，还是在世界上的国际关系，都应该是和谐相处、互相尊重的，而不应该同流合污、相互践踏。在家庭中，有长幼差别、亲疏远近，每个成员都有自己的责任、权利和义务，所有成员互相配合，组成团结协作的整体，此所谓"家和万事兴"。因此，可以归纳出"和而不同"的基本精神是独立自主和互相尊重，和谐相处但不同流合污，就是"和为贵"。

---

① ③ 周桂钿：《中国儒学讲稿》，山东教育出版社，2006年。
② 陈炎：《多维视野中的儒家文化》，山东教育出版社，2006年。

"中庸"思想是儒家文化对中国文化的一大重要贡献，从古至今，它对中国的政治、经济，乃至文化方面，都有着积极的意义。在社会经济方面，贫富差别太大，导致两极分化，产生富者骄暴、贫者寇盗的局面，社会就不稳定，天下就不安定。"中庸"的观念有助于统治者制定正确的方针，采取积极的措施，减小贫富差距，平均收入分配，从而使国家经济发展、人民安居乐业。在政治方面，选拔人才是重要一项。发展教育，培养人才，选拔任用，量材取用，任人唯贤，推行公平制度，可以减少社会矛盾，实现和谐稳定。在人的品德修养上，中庸之道要求人的行为必须遵循"中"的准则，以达到"从心所欲，不逾矩"的至德境界。

三、教育学习类

儒家重视学习和教育，"儒学在本质上是一种教化的学问。"历代儒家都认为教育是修身、治国和安邦的根本，并把从事教书育人的工作看作是一项神圣的事业，不断弘扬光大。中华民族之所以能创造出光辉灿烂的古代文明，在一定程度上可以说与儒家的教育思想和教育实践是分不开的。孔子是一位伟大的思想家和教育家，有弟子三千，贤者七十二，终生都十分重视教育，重视人才的培养，重视教化，从事传道、授业、解惑的教育工作。他首倡"有教无类"，打破"学在官府"的局面，开办私学，成为中国历史上第一个私人教育家，这对于中国传统文化的传播和普及产生了重大影响。他创造了卓有成效的教学方法，如"循循善诱""有教无类"，形成了比较完整的教学体系；提出了一系列有深远影响的教育思想；树立了良好的师德典范。孔子一生勤奋好学，精进不已，总结出正确的学习原则、方法和态度，如"学而时习之""切磋琢磨""学而不思则罔，思而不学则殆""知之为知之，不知为不知""温故而知新""敏而好学""不耻下问""学而不厌，诲人不倦""举一反三""发愤忘食""三人行，必有我师""博学笃志"等。这种积极求知问学的态度，成为后儒修养、充实自我，进而服务于社会的起点。直到今天，孔子的教学思想仍然闪烁着时代的价值之光，并渗透在我们的教学理论中，指导着我们的教学实践。儒家重视人的培养，把道德教育放在首位，把为人与为学联系起来。"学"，在儒家学者看来蕴含着丰富的内容，它不仅包括学文献知识，还包括学习做人做事的一些道理，而后者的重要性远超于前者。在《学而》中，孔子说："弟子，入则孝，出则悌，谨而信，泛爱众，而亲仁。行有余力，则以学文。"孝顺父母，敬爱兄长，说话诚实可信，博爱大众，亲近有仁德的人，这些是做人必备的要求，把这些躬行实践之后，有剩余力量才去学习文献。子夏说："贤贤易色，事父母，能竭其力；事君，能致其身；与朋友交，言而有信。虽曰未学，吾必谓之学矣。"对妻子，重品德，不重容貌；侍奉爹娘，能尽心竭力；服事君上，能豁出生命；同朋友交往，说话诚实可信。这种人，虽说没学习过（文献），但他已经学习过了（为人处事的一些道理）。同时，孔子认为"食无求饱，居无求安，敏于事而慎于言，就有道而正焉"这样的人，"可谓好学也已"。由此种种，都可以看出道德教育在儒家教育体系中占据核心地位。

重视教育，这是儒家文化对中华文明做出的最伟大贡献。孔子是中国历史上最伟大的教育家，他的教育思想和人才培养的主张影响着一代又一代的人。历代儒家也都十分重视教书与育人。因此，我们一直把读书人称为儒生，把孔子尊为万世师表、至圣先师。

四、社会政治类

自孔子起，历代儒家都一直关心国家大事，把参政治国作为自己的重要任务，并以修身、齐家、治国、平天下为人生的基本宗旨和目标。治国、平天下就是政治。在儒家文化看来，修身、齐家，就是为了治国、平天下，这是儒者的落脚点。而且，在孔子看来，修身、齐家本身也是从政。在《为政》中，有人问孔子："子奚不为政？"子曰："《书》云：'孝乎惟孝，友于兄弟，施于有政。'是亦为政，奚其为为政？"在此，孔子就把治家与治国即从事政治联系在了一起，甚至视二者为一回事。

　　孔子终生热衷于从政，有一腔报国之热血，在鲁国任官时，在很短的时期内对国家的治理就取得了显著政绩。对于社会政治，他有自己的见解。《论语》中谈及社会政治的成语有"北辰星拱""举直措枉""博施济众""唐虞之治""不在其位，不谋其政""足食足兵""名正言顺""鲁卫之政""一言兴邦""近悦远来""迩安远至""一匡天下""无为而治""天下归心"等。

　　由上述成语可知，在政治方面，孔子从礼、仁出发，主张实行德政，即为政以德，以德治国，不主张以武力治国，主张从政者要做道德方面的表率，并以此来教化民众，达到为政并治理好国家和社会的目的。德政的具体措施是，统治者以比较柔和、和平的手段管理国家和社会，对人民施以恩惠，并通过思想教育的办法来感化人民，是积极意义上的"怀柔"政策。对此，孔子十分推崇实行德政的尧、舜、文王和周公等人。在《为政》中，孔子说："为政以德，譬如北辰居其所而众星共之。"意即领导者治理国家、天下讲求道德，能为民众做出表率，就能像北极星一样，定居在天的中枢，而群星都围绕着它。孔子还说："道之以政，齐之以刑，民免而无耻；道之以德，齐之以礼，有耻且格。"意即治理国家、天下用政治法令，约束民众用刑罚，那么民众会只图幸免而不知耻辱。如果治理国家、天下用道德，约束管理民众用礼义，那么民众就不但会有耻辱感，而且能自己纠正错误。在《尧曰》中，孔子说："君子惠而不费，劳而不怨，欲而不贪，泰而不骄，威而不猛。"孔子认为这些是治理政事的五种尊贵美德。以上这些都是孔子主张德政、礼治，不主张靠武力、法治来治理国家的表现。孔子主张统治者对人民"道之以德，齐之以礼"，从而再现"礼乐征伐自天子出"的西周盛世，进而实现他一心向往的"大同"理想。孔子的这一德政思想，其道理是深刻的，对于治国来说是重要的。后来，孟子作为儒家亚圣，其为政思想在孔子的基础上又有了新发展，突出表现在他的仁政、民本等思想方面。从某种程度来说，仁政还是德政。

　　中国是个以"和"为贵的民族，追求民族团结、国家统一、社会稳定。儒家在治理社会上所提倡的"德政"和"仁政"思想，是儒家文化乃至中国文化的一大瑰宝，因其积极的意义为历代统治者所效法。儒家文化，数千年来十分重视文化与政治的关系，注重文化因素在社会中特别是在治世中的作用。如果说西方学者对儒家文化的重视主要是基于外交上的考虑，那么中国政府对儒家文化的弘扬则更多是出于社会稳定的需要。儒学在整合社会、治国安邦方面发挥了异常巨大的作用。在这两千余年中，中国社会之所以能出现治世多、乱世少的一统局面，应该承认儒家文化在其中发挥了重要的作用。

‖作品来源‖

发表于《湖北第二师范学院学报》2012 年第 7 期。

敬　启

　　《中外文化文学经典系列》是由常汝吉、李小燕主编，众多一线教师参与选编的一套大型的中学生阅读指导丛书，旨在提高中学生文学素养，使他们能从多角度了解这些文学经典著作，引导他们建立发散性的阅读思维，让他们了解中外文化文学经典著作的深刻精髓，终身受益。

　　本丛书在选编过程中，得到许多著作权人的理解和支持，欣然允诺我们选编，在此表示衷心的感谢。由于本丛书选编工作量浩大，涉及著译者甚广，我们实难一一查实。恳请本书中我们未能及时取得联系的著译者理解我们的求全之心，以免本书遗珠之憾。为保护著作权人的合法权益，我们将稿酬专账暂留我社，敬请相关作者与我们接洽并给予我们谅解。

联系人：王老师

电　话：010-64251036

现代教育出版社

2017 年 2 月